一本书读懂《民法典》中的生老病死

老百姓的
民法典

生活难题不求人　法律常识全知道

秦志茑◎著

中国法制出版社
CHINA LEGAL PUBLISHING HOUSE

前　言

《中华人民共和国民法典》（以下简称《民法典》）是新中国成立以来第一部以"法典"命名的法律。我国曾于1954年、1962年、1979年、2001年和2014年先后五次启动民法起草工作，从1954年首次启动直至2020年经人大审议通过，《民法典》的编纂之路整整走了66年，在我国法制史上具有里程碑意义。《民法典》是汇集了中国数代法律人心血的"中国智慧"，将助推"中国之治"走向更为广阔的未来。

在《民法典》出台之前，我国有《民法总则》《婚姻法》《继承法》《收养法》《合同法》《物权法》《侵权责任法》《担保法》等民事单行法律，对社会经济生活的有序运行发挥了良好的规范作用。《民法典》是将上述的民事单行法律予以法典化整合，使其逻辑性、体系性更强。《民法典》分为7编，依次为总则编、物权编、合同编、人格权编、婚姻家庭编、继承编、侵权责任编，以及附则，共1260条。2021年1月1日《民法典》正式施行后，上述民事单行法律同时废止。

《民法典》是民事领域的基础性、综合性法律，它调整规范自然人、法人等民事主体之间的人身关系和财产关系。《民法典》涉及经济社会生活的方方面面，关系着我们每一个人日常生活的点点滴滴，同各行各业的发展息息相关，因此被称为"社会生活的百科全书"。

《民法典》颁布前后，市场上已出版了一些有关解读《民法典》的书籍，有些通过新旧法条对比进行解读，有些通过具体案例分析进行解读，有助于大家从不同角度、不同维度、不同深度来认识和学习《民法典》。

本书作者深耕于新闻业和法律界多年，在实务工作中积累了丰富的第一手资料,结合当前社会的热点和痛点,遴选出50多个具有代表性的真实案例。细致的案例剖析、深入的理论探讨、翔实的数据内容、专业的法律意见是本书的最大特色。

全书分为7个篇章,依次为胎儿及未成年人保护篇、学生校园生活篇、打工创业投资篇、恋爱婚姻家庭篇、租房买房居家篇、日常生活社交篇和养老继承遗嘱篇。作者在章节的设置上颇为用心,以生命的起点——胎儿,作为开篇,以一个普通公民生命成长的方向和发展轨迹为时间线,从婴幼儿的生活到读书郎的学习,长大成人后踏入社会,历经求职工作、创业投资、交友恋爱、结婚离婚、买房置业等,迈入老年阶段,规划养老、遗产继承,最后到达生命的终点,以遗体捐赠作为结尾,寓意生命向死而生,生生不息。

法律条文不是僵硬生冷的,而是活生生的,如同生命一般,有其自身的发展规律。《民法典》产生于《民法总则》等民事法律基础之上,即便原来的民事法律现已失效,但其中一些基本的原则,或者能与这个时代同频共振的规则,依然被《民法典》所吸收,继续发挥其指导规范社会关系的治理功能。"法与时转则治",《民法典》响应当今社会民生的发展需求,与时俱进,对此作出针对性的改进和创新。因此,《民法典》的编纂不可能一劳永逸,将会根据社会环境的变化不断发展和完善。

书中一共收录了53个典型案例。通过案例解读,凸显《民法典》的亮点内容。

未成年人健康成长问题一直为全社会共同关注,《民法典》中加入了对胎儿利益的特殊保护条款(详见本书第2页案例"人工授精的胎儿对非生物学父亲可以享有继承权吗?");且专设监护一节,使父母子女之间的法律义务进一步明确;以及关于无民事行为能力人、限制民事行为能力人的规定,也是践行未成年人利益最大化原则的体现(详见本书第20页案例"未成年人在网上打赏,父母可以要求直播平台返还吗?")。

此外,本书对于社会上的焦点新闻和生活里的热点话题,也作出了相应解读,例如"性骚扰"(详见本书第54页案例"女性遭遇职场性骚扰该怎么办?")、"阴阳合同"（详见本书第72页案例"解除劳动合同协议有两份,是'阴合同'有效,还是'阳合同'有效?"和第136页案例"二手房交易为少交税签阴阳合同,房价上涨,卖家后悔,可以主张卖房合同无效吗?"）、"高利贷"（详见本书第80页案例"借钱给朋友约定的利息较高,可能要不回?"）、"离婚冷静期"（详见本书第94页案例"协议离婚,新增'离婚冷静期',如何计算?"）、"隐私权"（详见本书第98页案例"离婚后前夫余情未了,微信频繁'示爱',是否侵犯了前妻隐私权?"及第152页案例"自家门上安装可视门铃,侵犯到对门邻居的隐私了吗?"）、"网络虚拟财产"（详见本书第160页案例"虚拟货币转错了网址,可以要求对方按不当得利予以返还吗?"）、"医美纠纷"（详见本书第156页案例"美容不成反毁容,医美发生事故,消费者该如何维权?"）、"房屋居住权"（详见本书第198页案例"设立居住权,给再婚老伴留一颗安享晚年的定心丸"）。

　　作者采用"以案释典"的方式,通过对每一个案例进行场景回放,从法官的视角进行解析,阐明适用的法条以及背后的法理根据,层层递进,最后站在律师的立场,对当事的一方或多方提出切实的建议和必要的提醒。需要说明的是,书中采用的皆为司法实践中的真实判例,为尊重个人隐私,作者对案例中涉及的人名和地名均做了改编。若读者发现生活中的人物与书中人物同名同姓,纯粹属于巧合,请勿对号入座。

　　我们从出生入世到死亡离世,生活中方方面面都离不开《民法典》的规范和调整,这本书可以成为大众居家生活的必备良物。如果您是基层法律从业者或者是法律专业的学生,希望这本书对您的工作和学习有所助益。

　　最后,作者希望借由这本书,让每一位读者都能有所启发,增强自身的权利保护意识,知行合一,用好《民法典》；在生活中遇到类似纠纷时,有法可依,有典可循,掌握恰当的法律救援途径。人生就是一段旅程,愿这本书成为您前行中的一个导航工具。

目 录

一、胎儿及未成年人保护篇

1. 人工授精的胎儿对非生物学父亲可以享有继承权吗? ……… 2
2. 离婚后孩子随母亲生活,可以改随母姓吗? ………………… 6
3. 孩子改随继父姓,生父就可以不用承担抚养费了吗? ……… 10
4. 离婚后与养子女的收养关系能否解除? ……………………… 13
5. 孩子在游乐场玩时不慎摔倒受伤,该由谁来承担责任? …… 15
6. 未成年人在网上打赏,父母可以要求直播平台返还吗? …… 20
7. "二代"子承父业,未成年人能当公司"大股东"吗? …… 24

二、学生校园生活篇

1. 幼儿园里,小孩子被"熊孩子"欺负受伤,该怎么办? …… 28
2. 不遵守纪律被老师罚跑,学生摔倒致伤,谁来承担责任? … 31
3. 中学生在酒店举办生日会,喝酒后打伤同学,酒店要为此承担责任吗? ……………………………………………………… 35
4. 校内篮球比赛受伤,受伤者适用"自甘风险"吗? ………… 38
5. 大学生打工,要和用人单位签订劳动合同吗? ……………… 42
6. 大学生做兼职时受伤,能不能算工伤? ……………………… 46
7. 研究生在校自杀,父母起诉校方,能得到法律支持吗? …… 49

三、打工创业投资篇

1. 女性遭遇职场性骚扰该怎么办? ……………………………… 54

2. 公交司机急刹车，乘客受伤找谁赔？ ………………………… 58

3. 闺密借款拉我做保证人，她没钱还银行要我还？ …………… 64

4. 好友合伙创业，退伙后能不退钱吗？ ………………………… 68

5. 解除劳动合同协议有两份，是"阴合同"有效，还是"阳合同"有效？ …………………………………………………… 72

6. 委托他人理财炒股，签订的收益保底条款算不算数？ ……… 75

7. 借钱给朋友约定的利息较高，可能要不回？ ………………… 80

四、恋爱婚姻家庭篇

1. 订婚时送的彩礼，退婚后能要求返还吗？ …………………… 84

2. 老公给"小三"买房、买车、买包，老婆发现后可以要求返还吗？ ……………………………………………………………… 87

3. 精神病人结婚属无效婚姻吗？精神病人想离婚怎么办？ …… 90

4. 协议离婚，新增"离婚冷静期"，如何计算？ ……………… 94

5. 离婚后前夫余情未了，微信频繁"示爱"，是否侵犯了前妻隐私权？ …………………………………………………………… 98

6. 养育多年的孩子竟然不是亲生的，当事人能向配偶索赔吗？ … 102

7. 父母在子女婚后出资买房，该房属于子女夫妻共同财产还是子女个人财产？ …………………………………………………… 106

8. 母亲病故，父亲再婚，父亲伙同继母卖掉孩子名下房产，孩子该如何维护自己的权益？ ………………………………………… 112

五、租房买房居家篇

1. 租赁房被法拍，新房东要求解除原租赁合同，房客能采用"买卖不破租赁"原则抗辩吗？ ………………………………… 118

2. 交了房租后发现出租房内甲醛超标，房客可以要求退租金吗？ … 122

3. 出租房内设施不能正常使用，修理费应该由谁承担？房客能以此要求退租吗？ ……………………………………………… 127

2

4. 二手房买卖中，前任买家不想履约，又把房子介绍给第二任买家，前任能收取其中的差价吗？·············· 132

5. 二手房交易为少交税签阴阳合同，房价上涨，卖家后悔，可以主张卖房合同无效吗？················ 136

6. "一房二卖"的情况下，房屋的所有权归谁？············ 142

7. 物业公司服务不到位，业主对此很不满意，可以拒付物业费吗？··· 146

8. 天降暴雨导致漏水到楼下，楼上邻居该不该赔偿楼下邻居呢？··· 149

9. 自家门上安装可视门铃，侵犯到对门邻居的隐私了吗？······· 152

六、日常生活社交篇

1. 美容不成反毁容，医美发生事故，消费者该如何维权？······ 156

2. 虚拟货币转错了网址，可以要求对方按不当得利予以返还吗？··· 160

3. 网店放"××明星同款服装"照片，是否侵犯到明星的姓名权和肖像权？·············· 163

4. 老婆坐月子看孩子，老公刷直播看美女，一月打赏100多万元，能不能要回来？·············· 168

5. 遇不可抗力事件，未履行完的旅游合同可以撤销吗？········ 175

6. 狗咬人，狗主人难逃责任，狗咬狗，狗主人要不要担责？····· 178

7. 酒后失足坠亡，同饮酒友需要承担责任吗？············ 181

七、养老继承遗嘱篇

1. 只想啃老不想养老？赡养父母不仅是道德义务，更是法律义务！··· 188

2. 老人受伤，养老院可以拿免责条款做挡箭牌吗？·········· 192

3. 遗嘱内容不得侵害弱者权益，得为特定人保留必要份额······· 195

4. 设立居住权，给再婚老伴留一颗安享晚年的定心丸········· 198

5. 法定继承中，关于遗产的认定和分割，以及继承的顺序和份额··· 200

6. 与外甥女因遗产起争执，如果放弃姐姐的遗赠，会影响到母亲的继承吗？·············· 205

3

7. 公证遗嘱的法律效力高于口头遗嘱、自书遗嘱、代书遗嘱吗？立遗嘱要注意哪些事项？ ………………… 209

8. 关于人体捐献，哪些人可以作出捐献决定？ ………… 212

一、胎儿及未成年人保护篇

1. 人工授精的胎儿对非生物学父亲可以享有继承权吗？

一、案例场景回放

袁女士与朱先生婚后生活美满幸福，唯一美中不足的是多年求子无望。经检查朱先生无生育能力，夫妻两人商议后决定采用人工授精的方法孕育子女。人工授精事宜进展顺利，袁女士不久后怀孕，但朱先生却在此时发现自己罹患癌症，因此性情大变，表示不想要这个孩子，已怀胎三个月的袁女士不同意堕胎。朱先生病情恶化，在入院期间立下遗嘱，声明因为人工授精的精子不是本人的，所以这个孩子坚决不承认，且与袁女士婚后共同居住的住房将全部由朱先生的父母继承。

朱先生去世后，人工授精的女儿小珠子出生。朱先生父母称按照朱先生生前所立遗嘱，袁女士和小珠子无权继承朱先生的遗产，并要求母女两人搬出住所。经与公婆协商析产继承未果，袁女士与小珠子作为共同原告，以朱先生的父母为共同被告，向法院提起诉讼，要求由原告、被告四人共同继承朱先生的遗产。

法院经审理后认为，在夫妻关系存续期间，双方一致同意利用他人的精子进行人工授精并使女方受孕后，男方反悔应征得女方同意。在未能协商一致的情况下男方死亡，其后子女出生，尽管该子女与男方没有血缘关系，仍应视为夫妻双方的婚生子女。男方在遗嘱中不给该子女保留必要的遗产份额的内容无效。最后，法院判决房屋归袁女士所有，袁女士应向朱先生的父母支付相应对价。

二、法律条文解析

1. 人工授精的孩子身份如何认定？

《最高人民法院关于适用〈中华人民共和国民法典〉婚姻家庭编的解释（一）》（以下简称《民法典婚姻家庭编司法解释（一）》）第四十条规定："婚姻关系存续期间，夫妻双方一致同意进行人工授精，所生子女应视为婚生子女，父母子女间的权利义务关系适用民法典的有关规定。"

根据该条规定，在夫妻关系存续期间，夫妻双方一致同意进行人工授精，所生子女应视为婚生子女。依据《民法典》中有关父母子女权利义务关系的规定，人工授精子女享有与婚生子女同等的权利与义务，且不因父母离婚或者其他法律关系的变更而解除。所以，本案中袁女士和朱先生通过人工授精方式所生下的小珠子和正常生育的孩子具有同等的法律地位。

2. 双方一致同意人工授精后，如果有一方反悔，是否可以脱离亲子关系？

《民法典》第一百三十六条规定："民事法律行为自成立时生效，但是法律另有规定或者当事人另有约定的除外。行为人非依法律规定或者未经对方同意，不得擅自变更或者解除民事法律行为。"

经过夫妻双方一致同意的人工授精行为为双方意思表示一致，但是人工授精不同于一般民事行为，具有一定的人身性，不可对此强制执行。如果一方在人工授精之前反悔，一般应当准许，此时若一方在人工授精前不顾对方反对坚持进行人工授精，所生子女原则上不可适用本条规定。但是，如果一方在实施人工授精后反悔的，一般不予准许。夫妻双方已一致同意人工授精，在人工授精开始后女方已受孕的情况下，一方反悔需经过对方的同意，否则此前作出同意人工授精的意思表示仍具有法律效力，不得以单方意志擅自变更或解除。

而且，根据《妇女权益保障法》第三十二条的规定："妇女依法享有生育子女的权利，也有不生育子女的自由。"生育决定权是女性独有的权利，决定生育子女不需要男女双方的合意，女性单独决定即可。因此，男方在同意人工授精后，即便中途反悔，也需要和女方进行协商，由女方决定是否中止生育分娩。

本案中，朱先生反悔需征得袁女士的同意。朱先生死亡后，小珠子出生，尽管与朱先生没有血缘关系，但小珠子仍应视为夫妻双方的婚生子女。

3. 人工授精子女的继承权

人工授精子女同婚生子女享有同等的权利与义务，《民法典》继承编中关于子女继承权的相关规定同样适用于人工授精子女。且《民法典》对胎儿和未成年人在继承中的利益给予了特殊保护。

对于胎儿，《民法典》第一千一百五十五条规定："遗产分割时，应当保留胎儿的继承份额。胎儿娩出时是死体的，保留的份额按照法定继承办理。"《最高人民法院关于适用〈中华人民共和国民法典〉继承编的解释（一）》第三十一条第一款规定："应当为胎儿保留的遗产份额没有保留的，应从继承人所继承的遗产中扣回。"因此，若在遗嘱中未保留胎儿份额，那么在遗产分割时不能完全按照遗嘱继承的方式来进行遗产分割；即便遗产分割完毕，也可以从遗嘱继承人所继承的遗产中扣回。

对于未成年人，《民法典》第一千一百四十一条规定："遗嘱应当为缺乏劳动能力又没有生活来源的继承人保留必要的遗产份额。"如果立遗嘱人没有为此类继承人保留必要份额，在继承时会由法院直接从遗产总额中扣减一定的遗产交与此类继承人，剩余的部分才能按照遗嘱中确定的遗产分配规则进行分配。一般情况下，未成年人由于其智力、体力、心理等各方面尚未成熟且往往处于求学阶段，故可以被认为是"缺乏劳动能力又没有生活来源的继承人"。

本案中,朱先生不能因为小珠子是人工授精子女而拒绝分割遗产、履行抚养义务。在遗产分割时,没有给小珠子保留继承份额的遗嘱部分内容无效。

三、律师建议与提醒

在我国的继承法律制度中,遗嘱自由是基本的行为准则。遗嘱人可以依其主观意志立遗嘱,在其死后对其个人财产进行处置,但不是完全无限制的自由,《民法典》在遗产、抚养等方面,对处理财产的权利进行了一定的限制。

那么,如果继承开始时,小珠子尚未出生,是否也能享有相应的继承份额呢?

《民法典》第十六条规定:"涉及遗产继承、接受赠与等胎儿利益保护的,胎儿视为具有民事权利能力。……"《最高人民法院关于适用〈中华人民共和国民法典〉总则编若干问题的解释》第四条规定:"涉及遗产继承、接受赠与等胎儿利益保护,父母在胎儿娩出前作为法定代理人主张相应权利的,人民法院依法予以支持。"据此,在胎儿尚未娩出前,父母应作为胎儿的法定代理人,为胎儿主张其权益,以保护其利益。所以,即便小珠子仍是腹中胎儿,袁女士也可以作为其法定代理人,依法要求分割朱先生的遗产份额。

2. 离婚后孩子随母亲生活，可以改随母姓吗？

一、案例场景回放

黎先生和李女士在婚后育有一女，因工作关系，黎先生长期异地居住，夫妻两人摩擦不断，李女士遂提出离婚，黎先生同意了李女士的请求，并同意由李女士抚养女儿。之后，黎先生再婚并与现配偶育有一子，原先每个月给女儿的抚养费也渐渐停了。李女士认为，既然黎先生有了儿子，不要女儿了，决定将女儿改为李姓，以后孩子由自己一人单独抚养照料。

李女士特来咨询，自己是否有权给孩子改姓？如果可以，具体该怎么操作？

二、法律条文解析

1. 母亲想给孩子改随自己的姓，法律是允许的

《民法典》第一千零一十二条规定："自然人享有姓名权，有权依法决定、使用、变更或者许可他人使用自己的姓名，但是不得违背公序良俗。"

我国提倡男女平等，根据《民法典》第一千零一十五条的规定，孩子可随父姓也可随母姓。

2. 父母离婚后，一方想给孩子改姓，需得到另一方的同意

孩子的姓名是在出生后经父母双方协商一致后确定的，那么，孩子姓名的变更也应由父母双方协商一致。父母离婚后，任何一方如果没有得到对方的同意，都无权擅自更改孩子的姓名。根据最高人民法院《关于变更子女姓氏问题的复函》（〔81〕法民字第11号①）的有关精神，对于离婚双方未经协商或协商未达成一致意见而其中一方要求变更子女姓名的，公安机关可以拒绝受理；对一方因向公安机关隐瞒离婚事实，而取得子女姓名变更的，若另一方要求恢复其子女原姓名且离婚双方协商不成，公安机关应予恢复。

尽管现在由李女士独立抚养女儿，但是她要想给孩子改姓，必须先征得孩子父亲黎先生的同意。如果不经过黎先生同意，李女士是无权单独更改的。按照《公安部关于父母离婚后子女姓名变更有关问题的批复》，如果父母离异要给孩子改姓，双方应当协商，如果协商不能达成一致，应当维持原名。所以，即便是李女士不经孩子父亲同意，私自给孩子改了姓，黎先生也有权利起诉变更，要求把孩子的姓氏再改过来。

如果黎先生不同意给女儿改姓，但李女士又坚持想改姓，建议等到孩子年满十八周岁以后再申请。因为公民在年满十八周岁后申请改姓，只需要征求本人意见即可，不需要征得父母的同意。

3. 对方同意改姓后，需要办理哪些手续？

根据《户口登记条例》第十八条的规定："公民变更姓名，依照下列规定办理：（一）未满十八周岁的人需要变更姓名的时候，由本人或者父

---

① 《公安部关于父母离婚后子女姓名变更有关问题的批复》（公治〔2002〕74号）指出，根据最高人民法院《关于变更子女姓氏问题的复函》（〔81〕法民字第11号）的有关精神，对于离婚双方未经协商或协商未达成一致意见而其中一方要求变更子女姓名的，公安机关可以拒绝受理；对一方因向公安机关隐瞒离婚事实，而取得子女姓名变更的，若另一方要求恢复其子女原姓名且离婚双方协商不成，公安机关应予恢复。

母、收养人向户口登记机关申请变更登记；（二）十八周岁以上的人需要变更姓名的时候，由本人向户口登记机关申请变更登记。"

如果黎先生同意改姓，那么李女士需要到公安户籍部门办理相关手续。首先，需要出具黎先生书面同意的证明材料。如果孩子年满八周岁，还需要听取孩子的意见。其次，需要携带本人户口本、身份证、孩子的户口本、离婚证等材料到户籍所在地公安局或派出所办理。在办理手续时，还需要父母双方到现场签字。

4. 即使孩子跟了母亲姓，父亲也要给孩子抚养费

《民法典》第一千零八十四条规定："父母与子女间的关系，不因父母离婚而消除。离婚后，子女无论由父或者母直接抚养，仍是父母双方的子女。离婚后，父母对于子女仍有抚养、教育、保护的权利和义务。……"离婚后的父母不能以任何借口拒绝给付孩子的抚养费。孩子改姓氏不是拒绝给付抚养费的借口和理由，即使改了姓氏也改变不了亲子关系。因为抚养权是基于亲子之间的血缘关系，姓氏并不会改变血缘关系，抚养义务始终存在。也就是说，无论孩子和谁姓，父母任何一方都要承担抚养未成年子女的义务，不能因离婚后孩子改姓就不给抚养费。

三、律师建议与提醒

离婚后孩子改姓，不但涉及传统观念，同时涉及父母对孩子权利和义务的问题。所以，在离婚后孩子改姓的问题上，要慎重对待。

实践中，获得抚养权的母亲想在离婚后给孩子改随母姓的，建议在离婚时提出，与财产分割一并协商，在离婚协议中约定具体的日期办理更名手续，或是先办理更名手续后再离婚。

需要提醒的是，无论是改姓还是改名，要坚持最有利于未成年人的原则，尊重公民姓名选择的自主权。《民法典》第十九条规定，年满八周岁的未成年人为限制民事行为能力人，具有一定的判断和合理认知能力。

如果孩子满八周岁，改名前要充分听取其意愿，尊重未成年人对姓名变更权的行使。

如果孩子已经长大成人，建议谨慎改名，因为改名以后，不仅涉及更换户口本和身份证，原来相关的一切证件都得随之变更，如获奖证书、毕业证、就业证、结婚证、房产证、银行存折、信用卡、各种保险合同和医疗卡、各种职称证明、人事档案等。这些变更可能比改名麻烦很多，所以改名一定要慎重。

3. 孩子改随继父姓，生父就可以不用承担抚养费了吗？

一、案例场景回放

马先生与张女士协议离婚，约定五岁的儿子马晓随妈妈张女士共同生活，马先生每月给付生活费1000元。一年后，张女士与朱先生再婚，新家庭关系融洽，继父朱先生待马晓如同己出。马先生因沉迷于麻将欠下很多赌债，时常拖欠马晓的生活费。见马先生已连续两年不付生活费，张女士提议儿子马晓改随继父姓，更名为朱晓，生父马先生以后也不必承担抚养费。马先生无意也无力继续支付儿子的生活费，遂同意改姓。但马先生的父母知晓后，找到张女士大吵一架，要求儿子马先生将孙子改回马姓。双方协商无果，诉至法院。

二、法律条文解析

1. 孩子是否能改随继父姓氏？

《民法典》第一千零一十五条规定："自然人应当随父姓或者母姓，但是有下列情形之一的，可以在父姓和母姓之外选取姓氏：（一）选取其他直系长辈血亲的姓氏；（二）因由法定扶养人以外的人扶养而选取扶养人姓氏；（三）有不违背公序良俗的其他正当理由。少数民族自然人的姓氏可以遵从本民族的文化传统和风俗习惯。"

根据最高人民法院《关于变更子女姓氏问题的复函》的精神，父母离婚后，任何一方均不得擅自更改子女的姓名，一方擅自变更公安部门可拒绝办理。同时，公安部在《关于父母离婚后子女姓名变更有关问题的批复》中明确，对于一方隐瞒离婚事实变更子女姓名的，若另一方要求恢复子女原姓名且离婚双方协商不成，公安机关应予恢复。由此可以看出，未成年子女的姓名权应由父母双方代为行使，任何一方均不得擅自变更。

按照法律规定，子女可以随父姓或者母姓，父亲除了生父，也包括继父和养父。本案中，张女士给儿子改姓得到了孩子生父马先生的同意，由原先的马晓随继父姓氏改成朱晓，名字也不违背公序良俗，是合乎法规的。

2. 孩子改继父姓后，生父可以不再承担抚养费了吗？

《民法典》第一千零八十四条第一款和第二款规定："父母与子女间的关系，不因父母离婚而消除。离婚后，子女无论由父或者母直接抚养，仍是父母双方的子女。离婚后，父母对于子女仍有抚养、教育、保护的权利和义务。"

第一千零八十五条规定："离婚后，子女由一方直接抚养的，另一方应当负担部分或者全部抚养费。负担费用的多少和期限的长短，由双方协议；协议不成的，由人民法院判决。前款规定的协议或者判决，不妨碍子女在必要时向父母任何一方提出超过协议或者判决原定数额的合理要求。"

《民法典婚姻家庭编司法解释（一）》第五十九条规定："父母不得因子女变更姓氏而拒付子女抚养费。父或者母擅自将子女姓氏改为继母或继父姓氏而引起纠纷的，应当责令恢复原姓氏。"

父母解除婚姻关系并非割裂子女与父母之间的关系。离婚后，父母对于子女仍有抚养、教育、保护的权利和义务。显然，本案中，马先生并不能因为孩子改姓而解除对未成年孩子的抚养义务。

3. 父母给八周岁以上的孩子改姓，需征求孩子的意愿

《民法典》第十九条规定，八周岁以上的未成年人可以独立实施纯获

利益的民事法律行为或者与其年龄、智力相适应的民事法律行为。八周岁以上的未成年人在具有意思表示能力时，有权行使姓名决定权。本案中，马晓改名为朱晓，如果孩子已经年满八周岁，是否改姓以及是否要再改回原姓，需要征求他的意愿。

在司法实践中，是否改姓改名，要综合考虑未成年子女使用现有姓名的时间长短、变更姓名后是否会影响子女与父母间关系的维系和发展、是否可能面临生活和社会交往上的困难和窘迫、是否会对未成年子女产生精神上的压力和身份认知上的困扰等因素，以"是否有利于未成年人的健康成长"为判断标准，这也是贯彻保护未成年人合法权益的基本原则。

三、律师建议与提醒

离婚后，很多父母因子女抚养费的支付产生争议。根据法律规定，抚养费包括生活费、教育费和医疗费三项。笼统地约定抚养费数额，对抚养方和子女往往有失公平。

《民法典婚姻家庭编司法解释（一）》第四十九条规定："抚养费的数额，可以根据子女的实际需要、父母双方的负担能力和当地的实际生活水平确定。有固定收入的，抚养费一般可以按其月总收入的百分之二十至三十的比例给付。负担两个以上子女抚养费的，比例可以适当提高，但一般不得超过月总收入的百分之五十。无固定收入的，抚养费的数额可以依据当年总收入或者同行业平均收入，参照上述比例确定。有特殊情况的，可以适当提高或者降低上述比例。"

通常，教育费和医疗费的金额多少是离婚时无法准确预计的，要等实际发生才能明确，且生活费也会随着物价上涨而不断攀升。因此，建议在离婚协议中，双方约定每月支付一定金额的生活费，逐年递增（约定具体的比例），教育费、医疗费和大笔开支（如子女须对外承担责任）则按照实际发生金额，由双方平均分担。

4. 离婚后与养子女的收养关系能否解除？

一、案例场景回放

杨女士在第一次婚姻关系存续期间和前夫收养了一名女婴。前夫因外遇出轨，向杨女士提出离婚，两人在离婚协议中约定女孩随前夫生活，杨女士不需要支付抚养费。前夫和杨女士离婚后即与新欢组建了家庭，两人从此互不往来。但是，五年后前夫却以养女的名义向杨女士提出支付抚养费的要求。杨女士认为，当初收养孩子是前夫提出的，离婚协议中也约定了由前夫抚养养女。自离婚后养女与养父和继母共同生活，现在孩子快满七岁了，与自己几乎没有任何联系，养母女关系已名存实亡。现在，杨女士即将进入第二段婚姻，准备生育一个自己的孩子，想与养女解除收养关系，是否可行？

二、法律条文解析

1. 离婚不能自然解除收养关系

《民法典》第一千一百一十一条第一款规定："自收养关系成立之日起，养父母与养子女间的权利义务关系，适用本法关于父母子女关系的规定……"也就是说，收养人与被收养人之间形成法律拟制的直系血亲关系，养子女从此取得了与婚生子女完全相同的法律地位。

第一千一百一十四条第一款规定："收养人在被收养人成年以前，不得解除收养关系，但是收养人、送养人双方协议解除的除外。养子女八周岁以上的，应当征得本人同意。"养子女与养父母属拟制血亲。自收养关系成立之日起，养父母与养子女间的权利义务关系，适用法律关于父母子女关系的规定。所以，杨女士即便已经离婚，依然是孩子的养母。

尽管杨女士与前夫在离婚协议中约定不需要支付养女的抚养费，但这不妨碍子女在必要时向父母一方提出超过协议原定数额的合理要求。本案中，养女七岁，属于未成年人，因此杨女士不得单方面提出解除与养女的收养关系，而且应当按照当地生活水平给付相应的抚养费，直至养女成年。

2. 什么时候才能解除收养关系？

《民法典》第一千一百一十四条第二款规定："收养人不履行抚养义务，有虐待、遗弃等侵害未成年养子女合法权益行为的，送养人有权要求解除养父母与养子女间的收养关系。送养人、收养人不能达成解除收养关系协议的，可以向人民法院提起诉讼。"

第一千一百一十五条规定："养父母与成年养子女关系恶化、无法共同生活的，可以协议解除收养关系。不能达成协议的，可以向人民法院提起诉讼。"

根据《民法典》的规定，未成年子女解除收养关系只有两种情况：一种是收养人与送养人协商解除；另一种是收养人有虐待、遗弃等侵害未成年养子女合法权益行为的，送养人有权单方面解除收养关系。

三、律师建议与提醒

杨女士与前夫在离婚协议中约定，由前夫抚养孩子，且不需要她支付抚养费。但是根据我国法律规定，父母与子女间的关系不因父母离婚而消除。离婚后，子女无论是由父或母直接抚养，仍是父母双方的子女。所以杨女士离婚后可以放弃抚养权，但依然要承担养女的抚养费。

5. 孩子在游乐场玩时不慎摔倒受伤，该由谁来承担责任?

一、案例场景回放

小帅今年四岁，爸爸妈妈因工作忙，平时就由外婆帮忙照看。周六下午，外婆带小帅去小区旁一个广场商业中心里的儿童趣乐世界玩。买票进到儿童趣乐世界后，和往常一样，外婆在休息区坐着休息，小帅到游乐区里面玩。小帅在玩具桶里爬进爬出玩得很欢，有一次当他爬出玩具桶时，因站立不稳摔倒在地，脸部正好碰到旁边一个玩具鹅摆件尾部的尖锐部分，导致右眉部受伤，随后即被送至医院治疗。

小帅的父母知晓后，通过查看监控发现，玩具桶边没有安全提示，鹅摆件和玩具桶间的设施安装也没有考虑安全距离，在设计和管理上存在极大的风险和安全隐患。儿童趣乐世界事发前，未尽安全保障义务；事发后，对家长隐瞒事故发生原因，意图模糊责任，态度淡漠不负责任，因此诉至法院，要求儿童趣乐世界：1. 赔礼道歉；2. 支付医疗费 2600 元、交通费 500 元；3. 承担律师费 6000 元；4. 赔偿精神损害抚慰金 10000 元。

儿童趣乐世界认为，儿童游乐场所在入园及园区明显位置都张贴了安全须知，内容为"儿童需要有监护人陪伴，且监护人必须是十八周岁以上的成年人，没有成年人的陪同不能进入园内"。小帅外婆带小帅进入场地之后未履行监护人职责，任由小帅在场地内肆意玩耍，导致意外伤害事件的发生，理应由小帅或由其外婆承担责任。玩具桶高 56 厘米，桶口直径 70 厘米，重 50 斤，一般小朋友无法推动，且玩具桶周边有软性材质包裹，鹅摆件与玩具桶的平行距离为71厘米，已充分考虑安全距离，对小朋友的正常进出不会造成任何障碍和不便，不存在设计上的缺陷。根据监控视频，小帅摔倒时即便没有撞到鹅摆件，也是脸朝下摔倒，事件的发生是由于监护人失职造成的。而且，小帅受伤后，儿童趣乐世界及时进行了处置，告知家长尽快去医院就诊，并将监控视频提交法院。即使儿童趣乐世界需要承担一定的赔偿责任，也不存在需要赔礼道歉的法律依据。

法院经审理后查明，事发时，小帅身高1.02米。根据监控视频，玩具桶置放于墙边，未固定于地面，儿童攀爬或玩耍时易造成倾斜或倒地。鹅摆件材质为硬塑料，未做软包处理，鹅头高46厘米，鹅尾高27厘米。玩具桶与鹅摆件直线距离较近，如儿童摔倒时极易碰伤，具有较大的安全隐患，儿童趣乐世界未能通过设置安全距离、对硬质设施外围进行有效防护、张贴安全提示、加强安全巡查等措施消除安全隐患，在履行安全保障义务过程中存在缺失。当然，儿童在游乐园内系自主活动，其监护人应切实履行监护职责，保护儿童的人身安全。小帅外婆始终在休息区域，小帅虽不时回到休息区与外婆有所互动，但大部分时间自行活动，脱离监护人可控范围，小帅受伤倒地后也无监护人员到场查看、处理，足可见外婆未对小帅的动态予以足够的关注并谨慎看护，存在监护失职，对小帅受伤负有不可推卸的责任。综合上述分析意见，法院根据双方过错程度、致害原因力及本案实际情况等因素确定儿童趣乐世界对小帅损伤承担70%的赔偿责任。

法院认为，行为人因过错侵害他人民事权益，应当承担侵权责任。关于小帅父母提出的诉讼请求判决如下。

1. 赔礼道歉属于承担民事责任的方式之一。因本案系未成年人在玩耍中磕碰所致，儿童趣乐世界将履行赔偿责任，且在事发后及时进行了应急处理，并告知监护人送医治疗，在审理中向法庭提供了完整监控视频，还原了事发经过，故在此情况下赔礼道歉方式并无必要。

2. 关于医疗费，经审核系处理伤口所需，且费用已发生，金额尚属合理，应予以支持。关于交通费，根据小帅伤势、治疗情况，酌定交通费200元。

3. 关于律师费，该费用系因处理本案事故所发生，参照诉讼标的、复杂程度、责任比例等，确定金额为4200元。

4. 关于精神损害抚慰金，虽然小帅伤势未达伤残等级，但受伤部位在脸部，可能对容貌造成影响，并对其精神造成一定伤害，故结合损害后果、侵害情节、过错程度等因素，确定额度为2000元。

二、法律条文解析

《民法典》第一百七十九条规定："承担民事责任的方式主要有：（一）停止侵害；（二）排除妨碍；（三）消除危险；（四）返还财产；（五）恢复原状；（六）修理、重作、更换；（七）继续履行；（八）赔偿损失；（九）支付违约金；（十）消除影响，恢复名誉；（十一）赔礼道歉。法律规定惩罚性赔偿的，依照其规定。本条规定的承担民事责任的方式，可以单独适用，也可以合并适用。"

第一千一百六十五条规定："行为人因过错侵害他人民事权益造成损害的，应当承担侵权责任。依照法律规定推定行为人有过错，其不能证明自己没有过错的，应当承担侵权责任。"

第一千一百七十九条规定："侵害他人造成人身损害的，应当赔偿医疗费、护理费、交通费、营养费、住院伙食补助费等为治疗和康复支出的合理费用，以及因误工减少的收入。造成残疾的，还应当赔偿辅助器具费和残疾赔偿金；造成死亡的，还应当赔偿丧葬费和死亡赔偿金。"

第一千一百九十八条规定："宾馆、商场、银行、车站、机场、体育场馆、娱乐场所等经营场所、公共场所的经营者、管理者或者群众性活动的组织者，未尽到安全保障义务，造成他人损害的，应当承担侵权责任。因第三人的行为造成他人损害的，由第三人承担侵权责任；经营者、管理者或者组织者未尽到安全保障义务的，承担相应的补充责任。经营者、管理者或者组织者承担补充责任后，可以向第三人追偿。"

三、律师建议与提醒

儿童在游乐场受伤的事件屡见不鲜，引起各方重视。2019年9月，国务院安委会办公室发布《关于加强游乐场所和游乐设施安全监管工作的通知》，指出一些地方存在经营管理主体安全责任不落实、游乐设施的生产和运行管理不规范、小型游乐设施监管缺失、游玩者安全意识薄弱等问题，要求从严、从实、从细落实安全防范措施，坚决防范遏制游乐场所安全事故的发生。

《民法典》在侵权责任编中也对此类情况作出相应规定，明确宾馆、商场、银行、车站、机场、体育场馆、娱乐场所等经营场所、公共场所的经营者、管理者或者群众性活动的组织者，未尽到安全保障义务，造成他人损害的，应当承担侵权责任。侵害他人造成人身损害的，应当赔偿医疗费、护理费、交通费、营养费、住院伙食补助费等为治疗和康复支出的合理费用，以及因误工减少的收入。造成残疾的，还应当赔偿辅助器具费和残疾赔偿金；造成死亡的，还应当赔偿丧葬费和死亡赔偿金。

本案的判决颇有代表性。游乐场经营者未尽到安全保障义务，如游客发生意外伤害，需要承担相应的法律责任。安全保障义务，是指管理人或组织者在公共场所或群众性活动中对消费者、潜在的消费者以及其他进入公共场所或者参与群众性活动的公民的人身、财产安全依法承担免遭侵害的义务。这里需要说明的一点是，尽管很多游乐场经营者会通过设置警示牌、签署免责声明等方式，告知消费者安全隐患。但是，这是其法定的安全提醒告知义务，如果发生意外，根据《民法典》侵权责任编、《消费者权益保护法》等规定，经营者不得以此拒绝承担赔偿责任。

此外，特别提醒家长注意，未成年人的安全涉及父母的监护，如果在游乐场发生意外，责任不能简单归咎于一方。未成年人游玩时，家长要注意保障孩子在游玩区的安全，应判断游玩区的设施或项目是否适合小孩的年龄和身体状况，提醒孩子遵守游玩秩序，不能放任其独自游玩。如因监护不力造成孩子受伤，监护人也需承担一定责任。

6. 未成年人在网上打赏，父母可以要求直播平台返还吗？

一、案例场景回放

小熊是某校初中一年级的学生，平时喜欢刷手机看直播，不到一年的时间里，小熊通过父母的银行卡多次向某科技公司账户转账用于打赏直播平台主播，打赏金额达 20 万元。小熊父母得知后，希望某科技公司能退还全部打赏金额，遭到该公司拒绝，遂诉至法院要求某科技公司返还上述款项。

法院在审理该案时，组织双方当事人调解，经过耐心细致的辨法析理，双方最终达成庭外和解，小熊父母申请撤回起诉，某科技公司自愿返还 20 万元打赏款项。

二、法律条文解析

1. 未成年人通过充值、打赏等方式向网络平台付款的行为是否有效？

《民法典》第十九条规定："八周岁以上的未成年人为限制民事行为能力人，实施民事法律行为由其法定代理人代理或者经其法定代理人同意、追认；但是，可以独立实施纯获利益的民事法律行为或者与其年龄、智力相适应的民事法律行为。"

第二十条规定："不满八周岁的未成年人为无民事行为能力人，由其法定代理人代理实施民事法律行为。"

第一百四十五条规定："限制民事行为能力人实施的纯获利益的民事法律行为或者与其年龄、智力、精神健康状况相适应的民事法律行为有效；实施的其他民事法律行为经法定代理人同意或者追认后有效。相对人可以催告法定代理人自收到通知之日起三十日内予以追认。法定代理人未作表示的，视为拒绝追认。民事法律行为被追认前，善意相对人有撤销的权利。撤销应当以通知的方式作出。"

第一百五十七条规定："民事法律行为无效、被撤销或者确定不发生效力后，行为人因该行为取得的财产，应当予以返还；不能返还或者没有必要返还的，应当折价补偿。有过错的一方应当赔偿对方由此所受到的损失；各方都有过错的，应当各自承担相应的责任。法律另有规定的，依照其规定。"

一般而言，八周岁以下的未成年人实施的上述付款行为，属于无效民事法律行为；八周岁以上的未成年人实施的上述付款行为，如果与其年龄、智力不相适应，则认定为效力待定的民事法律行为，需要待法定代理人同意、追认后才具有法律效力，如果法定代理人不同意或不予追认，则该行为无效。

2. 并非所有未成年人的打赏都是无效的

无效行为要区分情况，如果是未满八周岁的未成年人，属于无民事行为能力人，其打赏消费行为都应当是无效的；如果是八周岁以上的未成年人，属于限制民事行为能力人，其打赏消费的款项金额应当与其年龄、智力相适应，否则在未得到其法定代理人追认的情况下是无效的。

在司法实践中，涉及网络打赏、网络游戏纠纷的，多数是八周岁以上的未成年人，属于限制民事行为能力人。这些人在进行网络游戏或打赏时，有的金额达几千元、几万元，显然与其年龄和智力水平不相适应，在未得到法定代理人追认的情况下，其行为应当是无效的。根据最高人民法院发布的未成年人司法保护典型案例指引，最高人民法院认为"几千元""几万元"的打赏是无效的。

3. 如果未成年人的充值、打赏行为被认定为无效，是否可以要求网络服务提供者全部返还充值的款项？

最高人民法院在《关于依法妥善审理涉新冠肺炎疫情民事案件若干问题的指导意见（二）》中对未成年人参与网络付费游戏和网络打赏纠纷提供了更为明确的规则和指引。意见明确，限制民事行为能力人未经其监护人同意，参与网络付费游戏或者网络直播平台"打赏"等方式支出与其年龄、智力不相适应的款项，监护人请求网络服务提供者返还该款项的，人民法院应予支持。

但要注意的是，并不是所有的打赏款项都会全部返还，司法实践中也要视情况而定。就未成年人的监护人而言，要看未成年人的监护人是否对未成年人尽到了监护职责，未成年人是不是在脱离监护的情况下实施的上述付款行为。就网络直播服务提供者而言，要看其是否结合平台性质对用户的年龄限制进行了明确约定和提醒，并切实采取充分的技术措施避免未成年人在未经法定代理人同意和陪伴的情况下，沉迷于网络直播甚至大额转账。同时，还要考虑未成年人家庭经济状况、网络服务提供者与主播之间的关系等多种因素。

三、律师建议与提醒

随着智能手机和移动支付方式的广泛应用，因未成年人直播打赏、虚拟充值消费等原因导致的纠纷屡见不鲜。尤其是未成年人使用成年亲属账号作出的打赏、购买等行为的合同效力如何认定，引起社会上广泛的热议。

关于直播打赏的法律性质，目前我国法律并未进行明确的规定，也没有明确禁止未成年人的打赏行为。

但自 2021 年 6 月起施行的《未成年人保护法》新增"网络保护"专

章。其中,第七十四条第一款和第二款规定:"网络产品和服务提供者不得向未成年人提供诱导其沉迷的产品和服务。网络游戏、网络直播、网络音视频、网络社交等网络服务提供者应当针对未成年人使用其服务设置相应的时间管理、权限管理、消费管理等功能。"2021年8月,国家新闻出版署发布的《关于进一步严格管理切实防止未成年人沉迷网络游戏的通知》,被公众称为"史上最严防沉迷新规"。通知要求,所有网络游戏企业仅可在周五、周六、周日和法定节假日每日20时至21时向未成年人提供1小时服务。此外,该通知还要求加强实名验证,强化未成年人防沉迷措施监督管理。我国目前正在推动《未成年人网络保护条例》出台,将为未成年人网络保护提供更加有力的法律保障。

未成年人是家庭的希望与祖国的未来。家长要加强对未成年人使用网络的引导和监督。网络服务提供者则应当以更加审慎的态度、更加成熟的技术、更加严密的措施,针对未成年人使用其服务设置相应的时间管理、权限管理、消费管理等功能。学校、社会也应当加强对未成年人网络素养的宣传教育,增强未成年人科学、文明、安全、合理使用网络的意识和能力。只有全社会共同努力,全方位强化对未成年人的网络保护,才能为未成年人营造一个安全、健康的网络环境。

7. "二代"子承父业，未成年人能当公司"大股东"吗？

一、案例场景回放

钱先生是一家房地产开发公司的创始人，任职董事长，持股40%。2018年，钱先生罹患重病，在律师见证下订立了遗嘱，将其名下所持公司股权份额留给女儿小钱继承，同时指定钱先生的配偶傅女士作为女儿小钱的法定监护人，在小钱成年之前代为行使投票权。2019年，钱先生病逝，公司及其他股东认为小钱才满十二周岁，尚未成年，不具备参与管理公司的能力，无法对公司重大事项作出正确决策，不具备成为公司股东的条件。而且，钱先生在世之时经全体股东投票通过的公司章程明确约定："公司股东在正常到龄退休、长病、长休或死亡之时，其所持公司股份必须办理股权转让手续，由公司其他股东按注册资本金每股1元价格予以受让。"现在，虽然没有股东决定受让钱先生名下的股份，但有二分之一以上的股东召开股东会，作出决议，公司以减资形式回购钱先生名下所持股份。双方因此引发巨大争议，协商无果，小钱及其法定监护人傅女士遂诉至法院，要求确认小钱股东资格，办理股权变更手续。

二、法律条文解析

1. 未成年人可否继承其父亲的股东资格？

股权继承与一般财产性继承不同，股权继承不仅具有财产属性的股利分配请求权、剩余财产分配请求权，而且具有对公司经营发展有决策作用的表决权、知情权，对公司高管的监督权等身份属性的特定权利。未成年人受年龄所限，是否具备成为公司股东的民事行为能力，则成为其他股东最为关注的问题。《公司法》第七十五条规定："自然人股东死亡后，其合法继承人可以继承股东资格；但是，公司章程另有规定的除外。"这里面的"合法继承人"应涵盖《民法典》第一千一百二十七条中规定的第一顺序继承人"配偶、子女、父母"。而且，原国家工商行政管理总局在《关于未成年人能否成为公司股东问题的答复》中进一步载明："《公司法》对未成年人能否成为公司股东没有作出限制性规定。因此，未成年人可以成为公司股东，其股东权利可以由法定代理人代为行使。"

所以，尽管小钱是未成年人，并不能成为其继承股东资格的任何妨碍。

2. 未成年人继承股权是否应受限于公司章程或决议规定？

《最高人民法院关于适用〈中华人民共和国公司法〉若干问题的规定（四）》第十六条规定："有限责任公司的自然人股东因继承发生变化时，其他股东主张依据公司法第七十一条第三款规定行使优先购买权的，人民法院不予支持，但公司章程另有规定或者全体股东另有约定的除外。"

本案例中，包括钱先生在内的全体股东在公司章程中明确约定："公司股东在正常到龄退休、长病、长休或死亡之时，其所持公司股份必须办理股权转让手续，由公司其他股东按注册资本金每股1元价格予以受让。"该条款约定并未违反任何强制性法律规定，应属合法有效，对全体股东具有约束力。但章程中，"当公司其他股东无人愿意受让钱先生所持全部股份时，二分之一以上有表决权的股东达成由公司回购股份，做减资处理的决议"，该条款违反了《公司法》第四十三条第二款规定的"股东会会议作出修改公司章程、增加或者减少注册资本的决议，以及公司合并、分立、解散或者变更公司形式的决议,必须经代表三分之二以上表决权的股东通过"。因此,该条款无效。

鉴于公司章程对无人受让股权如何处理未作明确约定,法庭最后支持小钱要求确认其股东资格,办理股权变更手续之诉请,有效维护了未成年人继承公司股权的合法权益。

三、律师建议与提醒

在处理继承时有一点需要明确,股权继承与普通遗产继承是不同的。普通遗产继承权是公民享有的一项基本财产权利,除因法定事由丧失继承资格外,一般不能被剥夺。而股权因其本身内容的复杂性,不是必然可被继承的。

在以自然人股东为实控人的公司,自然人股东死亡导致的股权变更往往会造成公司管理层的动荡。对于有限责任公司来说,股东之间彼此相互信任和支持是至关重要的,如果未成年继承人继承股东资格后,与其他股东之间产生矛盾,对公司来说是巨大的损失。

因此,建议公司股东,提前就股权继承问题进行协商,在公司章程中对股权继承进行特别约定,以避免后期因股权继承问题产生争议。具体的措施,包括但不限于:第一,股东去世后其股权由其他股东认购,不适用法定继承。第二,股东去世后其股权由年满十八周岁的继承人继承,如无年满十八周岁的继承人,其股权由其他股东认购。

未成年人继承股权后,也需要了解,作为公司股东权责一致。当公司经营不善面临解散或破产时,股东具有清算义务。这里需要特别提醒未成年人及其法定监护人注意的是,当未成年人继承了公司股东资格后,将如何履行清算义务?如果相关义务由未成年人的法定监护人履行,一旦清算义务履行不当,股东需要对公司债务承担相关责任,理论上该责任将由法定监护人承担。

二、学生校园生活篇

1. 幼儿园里，小孩子被"熊孩子"欺负受伤，该怎么办？

一、案例场景回放

岚岚妈妈正在公司开会，突然接到岚岚幼儿园老师的电话。老师告诉她，岚岚的脸被同学划伤了，正在医院检查，请妈妈尽快去医院。岚岚妈妈火速赶到医院，一看女儿脸颊上和额头上都有伤，心都要碎了，万一以后脸上留下疤痕，那可是会影响到岚岚一辈子的啊！

岚岚妈妈找老师问清事情的起因。老师告诉她，课间休息的时候，岚岚手里拿了本立体书，班里的一个高个子男同学磊磊过来想抢她的书，岚岚不肯给，磊磊就打她。当时，磊磊手里还拿了个玩具，虽然是塑料制品，但有两个尖锐的角，划伤了岚岚的脸。岚岚妈妈等医生处理完伤口后，打电话给磊磊家长，但对方家长觉得这不过是孩子之间的玩闹，既不表示歉意，也不愿意承担责任。搂着受伤的女儿，岚岚妈妈非常气愤，前来咨询应该怎样处理。

二、法律条文解析

1. 岚岚妈妈可以代表岚岚提起诉讼

《民法典》第二十条规定："不满八周岁的未成年人为无民事行为能力人，由其法定代理人代理实施民事法律行为。"

第二十一条规定："不能辨认自己行为的成年人为无民事行为能力

人，由其法定代理人代理实施民事法律行为。八周岁以上的未成年人不能辨认自己行为的，适用前款规定。"

岚岚作为就读于幼儿园的孩子，不满八周岁，属于无民事行为能力人，父母作为孩子的法定监护人，可以代表孩子处理和提起诉讼。

2. 岚岚妈妈可以侵犯健康权为由起诉磊磊的父母和幼儿园

《民法典》第一千一百八十八条规定："无民事行为能力人、限制民事行为能力人造成他人损害的，由监护人承担侵权责任。监护人尽到监护职责的，可以减轻其侵权责任。有财产的无民事行为能力人、限制民事行为能力人造成他人损害的，从本人财产中支付赔偿费用；不足部分，由监护人赔偿。"

第一千一百九十九条规定："无民事行为能力人在幼儿园、学校或者其他教育机构学习、生活期间受到人身损害的，幼儿园、学校或者其他教育机构应当承担侵权责任；但是，能够证明尽到教育、管理职责的，不承担侵权责任。"

磊磊不满八周岁，也属于无民事行为能力人，其父母作为监护人，对其负有监护责任。磊磊给岚岚造成了伤害，作为磊磊法定监护人的家长应当承担侵权责任。具体来说，家长承担无过错赔偿责任。

幼儿园作为教育机构，具有对学生的安全保障义务，岚岚和磊磊都是无民事行为能力人，缺乏自我保护意识，需要特殊保护。当孩子在幼儿园受到伤害或者给他人造成伤害时，幼儿园有过错的（包括疏于管理防范等情形），应承担相应的赔偿责任。此次岚岚在幼儿园里受伤，幼儿园监护不到位，未能及时予以制止，应当对岚岚受伤承担补充赔偿责任。

每个公民都享有生命健康权。据此，岚岚妈妈可以侵犯岚岚健康权为由向法院起诉磊磊的父母和幼儿园，并要求赔偿岚岚因受伤而支出的医疗费、营养费、护理费、交通费等合理费用。

三、律师建议与提醒

幼儿园里孩子之间打闹是不可避免的，一旦发生事故，老师首先要关心孩子的受伤情况。若是轻伤，先为孩子处理好伤口，若伤口较为严重，则要及时送医院就诊，同时通知家长，争取在最短的时间内稳定孩子的伤情，将伤害降到最低。老师应该就孩子受伤的缘由及伤势向父母讲清楚，向家长致以真诚的歉意。根据我国《民法典》的相关规定，如果孩子伤害事件发生在幼儿园内，园方未能及时发现并予以制止，其在教育、管理上未能尽到职责，应当承担相应的责任。

对于伤人孩子的家长，要了解孩子把同学打伤到什么程度，必要时进行伤情鉴定，根据伤情鉴定的结果并通过与对方家长协商来确定承担对方的损害赔偿责任的具体数额，一般来说要承担受伤一方的医疗费、住宿费、住院伙食补助费、必要的营养费、误工费、护理费、交通费以及精神抚慰金等一系列费用。

对于受伤孩子的家长，在得知孩子在幼儿园受伤时，应及时与老师沟通，向老师问清事情原委。特别提醒家长，千万不要感情用事，避免二次伤害的发生。还有一点需要说明的是，如果受伤一方也存在过错，是可以减轻对方责任的。

2. 不遵守纪律被老师罚跑，学生摔倒致伤，谁来承担责任？

一、案例场景回放

某中心中学初二（1）班上课时，讲课的严老师发现学生陶同学不遵守课堂纪律，与邻桌同学打打闹闹，影响到了其他学生听课。严老师生气地说："既然你精力这么充沛，那就去操场跑步，没有老师同意不许停下来。"陶同学看到严老师真的生气了，只好绕着操场跑步，当跑到第二圈时，在弯道处绊了一下摔倒在地。陶同学随后被送往医院，经检查，腕部骨折，为治疗花费医疗费等各种费用共计四万多元。陶同学的父母知道孩子是因为严老师体罚而受伤的，非常生气，准备状告学校和严老师要求赔偿损失。

二、法律条文解析

1. 陶同学可以起诉老师和学校吗？

根据《未成年人保护法》第十一条第一款"任何组织或者个人发现不利于未成年人身心健康或者侵犯未成年人合法权益的情形，都有权劝阻、制止或者向公安、民政、教育等有关部门提出检举、控告"和第二十七条"学校、幼儿园的教职员工应当尊重未成年人人格尊严，不得对未成年人实施体罚、变相体罚或者其他侮辱人格尊严的行为"的规定，陶同学可以依法提起诉讼。

根据《民法典》第一千一百六十五条第一款的规定："行为人因过错侵害他人民事权益造成损害的，应当承担侵权责任。"侵权损害赔偿责任包括损害事实、违法行为、主观过错和因果关系四个构成要件。在本案中，从损害事实来看，严老师在行使职务过程中的体罚行为导致了陶同学的人身伤害。从违法行为来看，严老师体罚陶同学的行为违反了《未成年人保护法》《教师法》及《民法典》的有关规定。从主观过错来看，严老师体罚陶同学存在主观上的故意，也体现了学校对教师监督管理的疏忽和懈怠。从因果关系来看，陶同学受到人身损害是由于严老师在执行职务过程中造成的，其最终原因是学校未对学生尽到保护责任。所以，学校由于严老师的体罚行为而与陶同学之间形成了特殊侵权损害赔偿责任，陶同学可以对学校提出人身损害赔偿诉讼。

但是，教师与学校不负同一侵权损害赔偿之债，不形成连带责任，更不能作为共同被告参与诉讼。严老师是在履行教育教学职责过程中，为了保证良好的课堂纪律，对陶同学进行管理教育，其目的是维持正常的教学秩序，严老师的行为属于执行职务的行为，学校作为侵权的法人主体，因其没有尽到监管职责而作为被告参与诉讼。严老师是体罚的实施者，案件的处理结果同严老师有法律上的利害关系，严老师只能以无独立请求权的第三人资格参与诉讼。

2. 陶同学可以要求学校赔偿哪些具体损失？

《民法典》第一千一百七十九条规定："侵害他人造成人身损害的，应当赔偿医疗费、护理费、交通费、营养费、住院伙食补助费等为治疗和康复支出的合理费用，以及因误工减少的收入。造成残疾的，还应当赔偿辅助器具费和残疾赔偿金；造成死亡的，还应当赔偿丧葬费和死亡赔偿金。"

这一条款不仅吸收了《民法典》颁布之前《民法通则》第一百一十

九条"侵害公民身体造成伤害的,应当赔偿医疗费、因误工减少的收入、残废者生活补助费等费用;造成死亡的,并应当支付丧葬费、死者生前扶养的人必要的生活费等费用",同时还对因侵权行为而造成的损失和支出费用作出更完善的补充。

据此,陶同学可以要求学校赔偿的损失包括医疗费、护理费、营养费、住院伙食补助费、交通费、复健费及鉴定费等。

3. 学校必须承担陶同学的所有损失吗?

学校因过错侵权将承担主要损害赔偿责任,但考虑到陶同学是初二年级的学生,年满十三周岁,理应掌握跑步这一简单体育运动的技巧,并对可能会摔倒的风险具备一定的判断和认知能力。陶同学在跑步时受伤与其自身的身体素质、相关能力也有一定的关系,所以陶同学也需要对自己的受伤承担一定的责任。

4. 严老师不作为被告,就不需要承担责任了吗?

《教师法》第三十七条规定了教师应承担的法律责任,即体罚学生,经教育不改的,由所在学校、其他教育机构或教育行政部门给予行政处分或解聘;情节严重,构成犯罪的,依法追究刑事责任。严老师体罚学生,不仅会受到行政处分,学校在承担相应的民事责任之后,也会根据严老师的过错和经济状况,要求其承担部分经济损失。

三、律师建议与提醒

教授、管理、训导、惩戒是教育的必备手段和应有之义。当学生存在违反学校规定的行为时,教师对其实施惩戒,是教育相关法律规范赋予教师的职责,是教师履行教师职务的行为。但是,教师对学生违规行为实施惩戒,应当在法律法规规定的方式和幅度范围内实施,不得超出界限。

我国在《未成年人保护法》和《义务教育法》中明确规定不得对学生"实施体罚、变相体罚或者其他侮辱人格尊严的行为"。体罚和变相体罚对学生的身心健康有极大的伤害，在生理方面，可能使学生致伤致残，甚至死亡；在心理方面，会使学生缺乏安全感，损害学生的尊严，扭曲学生的人格。

　　教育，是事关民族、国家甚至人类社会未来的重大事业。全社会都应当尊重教师，为教育创造优良环境，教师也应当遵守法律和职业道德，为人师表。如果学生在上课时不遵守纪律，教师可以采取适当措施予以惩戒，以维护教学秩序，但是惩戒不应超出正常范围，既不放任，也不过度。

3. 中学生在酒店举办生日会，喝酒后打伤同学，酒店要为此承担责任吗？

一、案例场景回放

暑假期间，某高中二十余名学生相约在一家酒店聚餐，为其中一名同学庆生，酒席中点了啤酒、葡萄酒及白酒若干瓶。其间，有两名男生因喝酒问题发生矛盾，继而大打出手，其中一名学生将另一名学生打成重伤。受害学生将伤人学生及其父母、酒店一并诉至法院，要求赔偿医疗费、护理费等经济损失。

法院经审理认为，酒店对在其经营范围内就餐的人员负有合理限度范围内的安全保障义务。本案中，酒店明知聚餐人员是尚在中学就读的未成年学生，仍然违反国家规定向其大量销售酒水，未尽到合理限度内的安全保障义务，受害学生的损害结果与酒店的售酒行为有一定的因果关系。最终，法院判决伤人学生父母承担主要赔偿责任，酒店承担相应的补充赔偿责任。

二、法律条文解析

《民法典》第一千一百八十八条规定："无民事行为能力人、限制民事行为能力人造成他人损害的，由监护人承担侵权责任。监护人尽到监护职责的，可以减轻其侵权责任。有财产的无民事行为能力人、限制民事行为能力人造成他人损害的,从本人财产中支付赔偿费用;不足部分,由监护人赔偿。"

第一千一百七十九条规定:"侵害他人造成人身损害的,应当赔偿医疗费、护理费、交通费、营养费、住院伙食补助费等为治疗和康复支出的合理费用,以及因误工减少的收入。造成残疾的,还应当赔偿辅助器具费和残疾赔偿金;造成死亡的,还应当赔偿丧葬费和死亡赔偿金。"

根据以上法律规定,伤人学生除了承担刑事责任之外,还要承担对受害学生造成的损害赔偿。

此外,《民法典》第一千一百九十八条规定:"宾馆、商场、银行、车站、机场、体育场馆、娱乐场所等经营场所、公共场所的经营者、管理者或者群众性活动的组织者,未尽到安全保障义务,造成他人损害的,应当承担侵权责任。因第三人的行为造成他人损害的,由第三人承担侵权责任;经营者、管理者或者组织者未尽到安全保障义务的,承担相应的补充责任。经营者、管理者或者组织者承担补充责任后,可以向第三人追偿。"

《未成年人保护法》第五十九条第一款规定:"学校、幼儿园周边不得设置烟、酒、彩票销售网点。禁止向未成年人销售烟、酒、彩票或者兑付彩票奖金。烟、酒和彩票经营者应当在显著位置设置不向未成年人销售烟、酒或者彩票的标志;对难以判明是否是未成年人的,应当要求其出示身份证件。"

酒店对其经营范围内就餐的人员负有合理限度范围内的安全保障义务。本案中的酒店违反国家法律规定向未成年人出售酒水,未尽到合理限度内的安全保障义务,因此要承担相应的补充赔偿责任。

三、律师建议与提醒

有些人认为,喝醉酒打架可以不用承担责任。这是错误的。《民法典》第一千一百九十条明确规定:"完全民事行为能力人对自己的行为暂时没有意识或者失去控制造成他人损害有过错的,应当承担侵权责任;没有过错的,根据行为人的经济状况对受害人适当补偿。完全民事行为能力人因醉酒、滥用麻醉药品或者精神药品对自己的行为暂时没有意识或者失去控制造成他人损害的,应当承担侵权责任。"而且我国刑法也规定,醉酒后犯罪是需要承担刑事责任的。

醉酒后打人,如果受害人伤情鉴定为轻微伤,可以要求民事赔偿;如果构成轻伤或轻伤以上,检察院提起公诉后,受害人可以提起刑事附带民事诉讼要求赔偿,或者直接向法院起诉要求人身损害赔偿。人身损害赔偿的项目包括:医疗费、护理费、误工费、住院伙食补助费、营养费、交通费、伤残赔偿金、精神损害抚慰金等。

现在,未成年人到酒店聚会娱乐是一个普遍的问题。对此,《未成年人保护法》第一百二十三条对向未成年人出售烟酒的违法行为的监管处罚作出了更为明确的规定,即由文化和旅游、市场监督管理、烟草专卖、公安等部门按照职责分工责令限期改正,给予警告,没收违法所得,可以并处5万元以下罚款;拒不改正或者情节严重的,责令停业整顿或者吊销营业执照、吊销相关许可证,可以并处5万元以上50万元以下罚款。因此,特别提醒酒店、娱乐场所的经营者,一定要依法经营,严格遵守法律规定,不向未成年人出售烟酒等法律禁止出售的产品。

4. 校内篮球比赛受伤，受伤者适用"自甘风险"吗？

一、案例场景回放

某大学组织了一场校内学生秋季篮球赛，大二组的刘同学和陈同学分属两队。在比赛时，刘同学起跳上篮，陈同学同时起跳防守，两人在空中发生碰撞，刘同学因此倒地受伤，陈同学被判犯规。受伤的刘同学被送往医院，经诊断为左膝前交叉韧带损伤。刘同学诉至法院，要求陈同学赔偿医疗费等费用共计3万元。

法院认为，刘同学摔倒受伤前与陈同学有身体接触，根据比赛规则，陈同学的行为构成犯规，但构成犯规并不必然承担责任，除非陈同学主观上存在故意或重大过失。篮球比赛具有高对抗性和风险性，很难要求参赛者每次动作都经过慎重考虑，应将参赛者的注意义务限定在较一般注意义务更为宽松的范围内。因此，判定陈同学无须承担侵权责任，驳回刘同学的诉讼请求。

二、法律条文解析

1. 自甘风险规则

《民法典》第一千一百七十六条规定："自愿参加具有一定风险的文体活动，因其他参加者的行为受到损害的，受害人不得请求其他参加者承担侵权责任；但是，其他参加者对损害的发生有故意或者重大过失的除外。活动组织者的责任适用本法第一千一百九十八条至第一千二百零一条的规定。"

《民法典》首次从法律层面将"自甘风险规则"确定为阻却违法性事由。自甘风险,也被称为自甘冒险或自愿承担风险,是指受害人在明知某种危险状态存在的情况下自愿承担危险,因此所遭受的损失不能得到赔偿。由此可见,自甘风险的法律后果是,由于受害人明知某项活动具有风险而自愿参加,因此应当视其为自愿承担该风险及相应的后果,即在风险发生后将不会主张权利,而由自己承担相应的损害和损失,从而免除他人的侵权责任。

篮球运动属于对抗性较强、具有一定风险性的体育竞技活动,攻防双方的运动员无一例外地处于潜在的危险之中。任何一方运动员都不因为其合乎竞赛规则的行为承担侵权责任,除非其有违反竞赛规则的重大过失或其他故意侵害他人人身权益的恶劣意图。

本案中,刘同学是大二年级学生,已经是年满十八周岁的成年人,以其年龄和心智发育程度,应当对篮球活动中可能存在的风险有明确的认知,其自愿参加该项活动,且无充分证据证明陈同学存在故意或重大过失的加害情形,根据"谁主张,谁举证"的证据规则,应由刘同学承担举证不能的法律后果,故法院判决驳回其要求陈同学承担赔偿责任的诉讼请求。

法院对本案的裁判很有代表性,打破了"有损必有赔"的思维模式,避免脱离事实情况和法律原意的过度平衡,给校园运动的开展创造了相对宽松的侵权责任认定司法环境。

2. 学校不适用自甘风险规则,需要承担责任吗?

《民法典》第一千二百条规定:"限制民事行为能力人在学校或者其他教育机构学习、生活期间受到人身损害,学校或者其他教育机构未尽到教育、管理职责的,应当承担侵权责任。"

《学生伤害事故处理办法》第十二条第五项规定,因在对抗性或者具有风险性的体育竞赛活动中发生意外伤害的,学校已履行了相应职责,行为并无不当的,无法律责任。

如果学校在组织体育活动时存在工作过失或不当行为,学校应承担相应的责任。比如,学校的体育设施和场地存在安全隐患,未对参赛学生进行必要的安全教育和有效保护,明知学生具有不宜参加剧烈运动的特殊体质而要求或允许其参加体育比赛,安排年龄或体质差距甚大的学生参加同一组别的对抗性比赛,发现学生从事超出一般竞技比赛预期的危险行为时未及时予以告诫和制止,观看比赛的学生或啦啦队离比赛区域太近而没有采取相应措施,发现学生受伤后未及时采取相应的救助措施,等等。

从教育的角度来看,学校组织体育比赛活动是必要的和正当的,如果学校对因此所造成的损害并无过错,那么学校就不应当为其开展正常教育教学活动的行为付出代价。也就是说,在体育伤害事故中,如果学校已经尽到了"善良管理人"的注意义务,那么学校对此类体育事故不用承担民事赔偿责任。

三、律师建议与提醒

作为一个古老的法律规则,自甘风险为英美法系国家所广泛采用。近年来,我国法院对如何在民事审判中适用自甘风险规则也进行了有益的探索。实践中,自甘风险最常见于体育活动中,特别是有人体直接接触的对抗性体育竞技活动,如足球、篮球、拳击、摔跤、散打等。这些竞技活动的特点决定了参与者无一例外地处于潜在的危险之中。因此,当参与者遭受人身损害时,一般情况下,应由参与者自行承担责任,他人无须承担侵权责任。

几乎所有的体育运动项目都或多或少存在一定的潜在风险性,为避免发生体育伤害事故和承担赔偿责任,一些学校对学生从事体育活动作出了诸多限制性规定,不敢开设某些具有风险性的教学课程和体育比赛活动，有的甚至取消了体育课、拆除了体育器械。这些因噎废食的做法，不但制约了学校体育工作的正常开展，也阻碍了素质教育的深入实施和学生的健康成长。这样既不利于学生的健康成长和全面发展，还会使体育活动萎缩，背离了教育的初衷。为避免因工作失误给学生造成人身伤害，建议学校在组织类似活动时，为学生购买相应的保险，以减少风险。

5. 大学生打工，要和用人单位签订劳动合同吗？

一、案例场景回放

在校大学生晓丽在暑期时应聘了一家饮料公司做市场营销，公司人力资源部负责人说，大学生勤工俭学，利用业余时间工作不视为就业，所以不能签订劳动合同。晓丽在公司遭遇侵权后，投诉到劳动监察部门，但对方回复，在校学生没有与用人单位签订劳动合同，未建立劳动关系，不在劳动仲裁范围内，因此不予受理。晓丽不解，难道大学生打工，就不受法律保护了吗？

二、法律条文解析

1. 大学生勤工俭学，可以签订劳动/劳务合同吗？

大学生一般都已年满18周岁，符合《劳动法》规定的就业年龄，具备建立劳动关系的行为能力和责任能力，学生身份并不限制其作为劳动者参加工作。但大学生毕竟是以学习为主，利用学习时间之余兼职，属于《劳动合同法》中的非全日制用工，不属于《劳动合同法》规定的必须签订书面劳动合同的情形。非全日制用工，是指以小时计酬为主，劳动者在同一用人单位一般平均每日工作时间不超过四小时，每周工作时间累计不超过二十四小时的用工形式。《劳动合同法》第六十九条第二款规定："从事非全日制用工的劳动者可以与一个或者一个以上用人单位订立劳动合同……"大学生兼职可以与用人单位签订劳动合同,《劳动法》对兼职合同并没有强制性要求,可以订立也可以不订立,由双方自愿决定。

大学生兼职时,如果不能与用人单位建立劳动关系,可依据《民法典》有关规定建立劳务关系,签订劳务合同,依然能受到法律保护。

晓丽可以根据兼职工作的内容和性质,选择与用人单位签订劳动合同,或者与雇用方签订劳务合同。

2. 劳动合同与劳务合同有哪些异同之处?

劳动合同是用人单位与劳动者之间确定劳动关系,明确双方权利和义务的协议。

劳务合同是提供劳务一方为接受劳务一方提供服务,以提供劳务方的劳动行为作为合同标的的民事合同。

劳动合同与劳务合同的共同点包括:(1)两者均以当事人之间相对独立的意思表示为成立。(2)两者均以劳动给付为目的。(3)两者均为双务有偿合同(双方当事人都享有权利和承担义务的合同)。(4)两者均为继续性合同(在一定的继续的时间内完成,而不是一时或一次完成)。

劳动合同和劳务合同虽然只有一字之差,但法律意义却大不相同。两者的不同点包括:(1)权利义务不同。劳动合同的双方主体间不仅存在财产关系,还存在人身关系,劳动者必须遵守用人单位的规章制度,用人单位负有为劳动者缴纳社会保险等法律责任;劳务合同的双方主体之间只存在财产关系,提供劳务一方无须成为用工单位的成员。(2)解除方式不同。解除劳动合同要履行法定程序;劳务合同双方可以依约定随时解除。(3)适用法律不同。劳动关系适用的是《劳动法》和《劳动合同法》;劳务关系适用的是《民法典》中的合同编。(4)争议处理程序不同。发生劳动争议时,应先到劳动仲裁委员会申请劳动仲裁,不服仲裁结果并在法定期间内才可到法院起诉;劳务合同纠纷发生后,争议双方可直接向法院起诉。

劳动合同与劳务合同有着重大区别，当事人要正确辨别劳动合同产生的劳动关系和劳务合同产生的劳务关系，才可以选择正确的处理途径或方式，从而更好地维护自己的合法权益。

3. 大学生签订兼职合同时要注意哪些事项？

首先，要检查合同文本是否完整。一份完整的劳动/劳务合同应包含如下内容：双方姓名或名称、联系方式、合同期限、工作内容和工作地点、工作时间、劳动报酬、发放时间及方式等信息，双方的权利义务一定要事先明确。合同要采用书面文件的形式，合同文本要准备两份。

其次，不要签订空白合同。有些用人单位拿空白合同先让员工签名，或者合同没有盖章。这样的合同是没有法律效力的，一旦发生争议，劳动者的维权成本将会很高。

大学生兼职打工，通常会签订非全日制用工合同，在签订该类合同时要注意以下几点：(1) 双方当事人不得约定试用期。(2) 双方当事人中任何一方都可以随时通知对方终止用工。终止用工，用人单位不向劳动者支付经济补偿。(3) 小时计酬标准不得低于用人单位所在地人民政府规定的最低小时工资标准。(4) 劳动报酬结算支付周期最长不得超过15日。

三、律师建议与提醒

暑假是大学生和高中毕业生的求职高峰，学生从事的职业五花八门，因为大多数学生都是兼职，很多用人单位不与学生签订劳动合同，结算时随意压低工资，从而发生不少纠纷。学生勤工俭学是值得鼓励的，但是在打工时一定要懂得自我保护，维护自己的合法权益。

首先，在应聘时，核实招聘单位主体资格，查验对方是否有营业执照，是不是正规合法的企业单位，有条件的最好实地考察，以确定招聘单位是否名副其实。劳动保障监察部门特别提醒，学生最好到正规企业打工。

其次，在工作前，主动与用人单位签订书面的劳动合同，对报酬、支付方式、人身伤害赔付办法等细节要有明确约定，以便维护自己的合法权益。签订合同时，要认真阅读条款，警惕霸王条款和模糊信息。如果用工时间短，没有与雇用方签订书面合同，建议注意保留能证明与用人单位发生劳动关系的凭证。一旦发现用人单位有侵权、违约、强迫打工者从事违法行为等事项时，应立即向劳动部门或公安部门报案，正当维护自己的合法权益。

最后，想提醒学子们，如果兼职打工时对方拒绝签订劳动合同，那就需要更加谨慎地做选择。学生的本职工作是学习，待学成之后再去工作也不迟。

6. 大学生做兼职时受伤，能不能算工伤？

一、案例场景回放

某大学经济系三年级学生小唐利用周末时间在学校附近的一家咖啡店做兼职。一天，老板让小唐出去买几箱矿泉水。在回来的路上，小唐骑行的助动车与一辆小型货车发生碰撞，全身多处擦伤，为此花费了近万元的医药费。小唐认为，自己是在替咖啡店老板工作时受伤的，属于工伤，要求老板支付医药费。但老板认为兼职学生不是公司正式员工，不算工伤，拒绝支付。

那么，小唐外出买水算不算工伤？该由谁来承担医药费？

二、法律条文解析

1. 大学生在兼职中受伤是否算工伤，关键要看学生与公司是否存在劳动关系。

根据我国《劳动法》的相关司法解释，在校学生利用业余时间勤工俭学不视为建立劳动关系，可以不签订劳动合同。实践中，大学生兼职时往往不会与用人单位签订正式的劳动合同，没有以劳动者身份与用人单位建立雇用劳动关系，因此不属于《劳动法》和《劳动合同法》的调整范围，在兼职中受伤就不能享受工伤保险待遇。

本案中，如果小唐与咖啡店签订了劳动合同，兼职工作属于"非全日制劳动关系"，在工作时间受伤是属于工伤的，可以由工伤保险予以赔偿。如果小唐没有签署劳动合同，与咖啡店属于劳务关系，兼职中受伤则不能按工伤处理。

2. 如果不能算工伤，那么大学生兼职时受伤该由谁来赔偿呢？

《民法典》第一千一百九十二条规定："个人之间形成劳务关系，提供劳务一方因劳务造成他人损害的，由接受劳务一方承担侵权责任。接受劳务一方承担侵权责任后，可以向有故意或者重大过失的提供劳务一方追偿。提供劳务一方因劳务受到损害的，根据双方各自的过错承担相应的责任。提供劳务期间，因第三人的行为造成提供劳务一方损害的，提供劳务一方有权请求第三人承担侵权责任，也有权请求接受劳务一方给予补偿。接受劳务一方补偿后，可以向第三人追偿。"

大学生兼职与用人单位没有签署劳动合同，不构成劳动关系，但构成劳务关系。大学生在兼职工作中受到伤害，工作单位应当为兼职学生的人身损害承担赔偿责任，兼职学生可以按照《民法典》关于一般民事侵权之规则请求人身损害赔偿。

因此，本案中小唐虽然不能要求咖啡店按照工伤赔偿，但可以要求咖啡店承担其在工作中遭受到的人身损害赔偿责任。而且，《民法典》在个人劳务损害责任中还增加了第三人损害的责任承担规则，所以小唐也可以要求造成损害的第三人，即货车司机承担赔偿责任。

三、律师建议与提醒

虽然劳动关系和劳务关系只有一字之差，但两者的待遇却有着天壤之别。劳动关系中的劳动者除了享有劳动报酬权以外，还享有社会保险和福利、休息、休假、获得劳动安全卫生保护、接受职业技能培训、提起劳动争议处理等法定权利；而劳务关系中的自然人，一般只有获得劳动报酬的权利。此外，在人身损害赔偿数额上，劳动关系引起的工伤赔偿数额相对要高，无论劳动者有无过错，用人单位都要全额赔偿。而在劳务关系引起的人身损害赔偿中，提供劳务一方因劳务受到损害的，需根据双方各自的过错承担相应的责任。如果大学生在兼职中存在过错，需要对自己的过错承担责任，有时只能得到部分赔偿。

生活中需要提醒注意的有两点。第一，应届毕业的大学生与用人单位签订的是正式劳动合同，如果在毕业前提前进入公司工作，工作期间受伤，可向有关部门申请工伤认定要求赔偿。

第二，学校出于培养学生实践能力的目的，通常会推荐学生到用人单位实习，那么学校就负有教育管理学生的责任。学生若在实习期间受伤，首先应当按照学生与学校、用人单位签订的三方协议来确定学校和用人单位应当承担的责任。这种情况下，建议学校在实习期间给学生购买保险来减少相应的风险。

7. 研究生在校自杀，父母起诉校方，能得到法律支持吗？

一、案例场景回放

某学院一研究生在论文答辩前夜自杀身亡，留下遗书一封，自言"性格懦弱，没有存在的价值"。其父母认为孩子自杀是因为在论文答辩前和指导老师意见不合，不知道该如何处理和导师持不同学术观点的情况，也不知道该如何修改论文，长期处在巨大的心理压力之中，所以选择了自杀。为此，父母起诉学校，认为学校没有正确引导学生，让研究生遭受了学术之外的压力，学校没有履行维护研究生合法权益的法律义务，要求判决学校就其拒绝承担责任等无理行为向其书面赔礼道歉，并进行赔偿。

法院经审理认为，学生父母给出的所有证据，包括书面遗言、论文开题报告审核表、论文开题报告评审会记录、论文的匿名评审等证据，均无法直接证明学校有任何过错行为。学校提供的一些证据，包括导师曾让该研究生在答辩前多休息且与家长进行过电话沟通，与其说明学术观点存在差异是一个学术组中很常见的现象等，都证明了学校已经尽到相关义务。因此，法院认为，学生父母提出的诉讼请求缺乏事实与法律依据，不予支持。

学生父母不服提起上诉，二审法院维持原判。二审法院认为，在学术研究中，师生之间存在不同的见解属于正常现象，正是因为存在不同的观点才能推进学术研究的创新和发展。学术之路是艰辛、漫长的，其中荆棘密布，思辨的过程也必定极其痛苦，但这也正是学术研究的魅力所在。在学术研究过程中，学生不仅需要自身的努力，还需要与其他研究者进行沟通和交流。该学生作为研究生，已具备完全民事行为能力，当面临压力时，完全可以与老师进行沟通，或者向学校说明相关情况，借助各种途径解决自身面临的问题，解开思想上的困惑，而不是选择以自杀的方式结束生命。但同时，法院认为，该学生父母向学校提交了人才培养教改若干建议，尽管是作为证据提交，但从中可以看出学生父母在该事件中进行了深刻的思考，对学校的今后发展以及人才的培养提出了深切中肯的建议，目的是避免类似悲剧的再次发生。学校亦应重视学生父母提出的建议，在今后的教育中加强对学生心理的检测与跟踪，防止类似事故的发生。

二、法律条文解析

《民法典》与《侵权责任法》（已废止）在"侵权责任原则"上有细微不同（见表2-1）。

表2-1 "侵权责任原则"新旧法对比

《民法典》（2021年1月1日起施行）	《侵权责任法》（2010年7月1日起施行）
第一千一百六十五条规定："行为人因过错侵害他人民事权益造成损害的，应当承担侵权责任。依照法律规定推定行为人有过错，其不能证明自己没有过错的，应当承担侵权责任。"	第六条规定："行为人因过错侵害他人民事权益，应当承担侵权责任。根据法律规定推定行为人有过错，行为人不能证明自己没有过错的，应当承担侵权责任。"

过错责任原则的构成要件包括四个，即侵权行为、损害结果、因果关系、过错（故意或者过失），是以行为人的过错作为归责的根据和最终要件的。过错推定责任原则，是指为了保护相对人或受害人的合法权益，法律规定行为人只有在证明自己没有过错的情况下，才可以不承担责任。过错推定责任是过错责任的一种特殊形态。上述两条归责原则，在举证责任的分配、过错程度对责任承担的影响等方面有一定不同，但都属于

因过错而承担责任。

从上面的对比中可以发现，《民法典》对过错责任和过错推定责任的规定延续了原《侵权责任法》的原则规定，并对于过错责任原则的适用强调了造成损害的行为后果，作为承担过错责任法律后果的条件。

本案是侵权纠纷诉讼，其是否构成侵权责任，应当根据受害人确有造成损害的事实、行为人行为违法、违法行为与损害后果之间有因果关系、行为人主观上有过错来认定。学校是否需要承担赔偿责任，关键是看学校在学生自杀行为中是否存在过错（故意或过失）。该学生是在校研究生，属于完全民事行为能力人，对老师或学校的观点有争议时，可以通过与指导老师沟通、交流的方式研究、撰写自己的论文。如果学生遇到学术阻碍或难以完成学业，也可以向学校提出诉求寻求解决方法。

庭审中，学生父母提交的证据中没有说明该研究生自杀的具体原因，也没有证据证明该学生向学校主张过遭遇到任何学术上的困境，或者证明学校在该学生的死亡后果中有任何过错行为，或者有任何消极行为导致学生选择自杀身亡的法律后果。因此，学生父母提出的诉求因缺乏事实与法律依据而被一审、二审法院驳回。

三、律师建议与提醒

涉及民事侵权纠纷，首先要明确两条原则：过错责任和过错推定责任。这两条原则是《民法典》调整因侵害民事权益所产生民事关系的黄金法则。上述两条归责规则自2010年通过原《侵权责任法》确定以来，2021年被《民法典》吸收引用，作为处理社会生活中关于侵权与归责的基本原则，充分体现责任与义务的统一性，以及法律对某些行为责任承担的强制性。

过错责任是民事侵权责任的一般表现形式，日常社会生活中比较常见。过错责任采取"谁主张，谁举证"的原则，因此建议受害人在提出其需求前做好相关证据的收集工作。

过错推定责任在适用上则由法律规定，一般适用过错推定责任的情形有四种。第一，建筑物及其他地上物致人损害责任。第二，共同危险行为致人损害责任。第三，雇员、国家公务人员职务行为致人损害责任。第四，医疗损害责任（医疗事故是侵权责任与违约责任的竞合，具有较强的技术性和专业性）。在过错推定责任中，举证责任发生倒置，受害人无须就行为人的过错负举证责任，行为人只有证明自己没有过错或者存在法律规定的抗辩事由才可以免责。

三、打工创业投资篇

1. 女性遭遇职场性骚扰该怎么办？

一、案例场景回放

卢小姐在公司任职八年，业务精通，公司新任副总经理黄某很快将卢小姐调到其分管的部门任部门主管。卢小姐很感激他，平时认真工作，虚心向黄某请教。黄某私下里会对卢小姐说一些"我喜欢你"之类的调情话语。卢小姐面对上司不敢板起面孔，为了保护自己，便尽量减少与黄某单独接触。

在一次单独相处时，黄某性骚扰卢小姐，遭到拒绝后，黄某便在工作中经常挑卢小姐的刺。黄某借机"约谈"卢小姐，实施性骚扰，卢小姐坚决抵制，黄某恼羞成怒，扇了卢小姐一耳光。这一次，卢小姐因有前车之鉴，已做好了准备，进行了全程录音。

一个月后，公司突然宣布下调卢小姐岗位，卢小姐觉得这是黄某对自己进行打击报复，没有同意换岗，并就黄某实施性骚扰向公安机关报案。公安机关经调查核实后，对黄某处以10日的行政拘留处罚。随后，公司也解除了与黄某的劳动合同。但卢小姐没想到的是，公司在处理黄某的同时，以卢小姐拒绝调岗、无故旷工为由，宣布与其解除劳动合同。

卢小姐对公司这种不分青红皂白、各打五十大板的做法很是生气，立即提请劳动仲裁，要求公司支付违法解除劳动合同的赔偿金。公司辩解给卢小姐调岗是为了避免卢小姐再次受到性骚扰。法院最终的裁定，支持了卢小姐的诉请。

二、法律条文解析

1. 什么是职场性骚扰？

《民法典》第一千零一十条规定："违背他人意愿，以言语、文字、图像、肢体行为等方式对他人实施性骚扰的，受害人有权依法请求行为人承担民事责任。机关、企业、学校等单位应当采取合理的预防、受理投诉、调查处置等措施，防止和制止利用职权、从属关系等实施性骚扰。"

职场性骚扰，是指发生在工作场所及与工作相关联的场合，违背劳动者意愿，以言语、文字、图片、肢体行为等方式实施的与性有关的侵权行为。认定职场性骚扰需要三个法律要件：一是骚扰者实施了与性有关的侵权行为；二是骚扰者在职场上利用工作便利或职权、职务之便；三是违背了被骚扰者的意愿，给被骚扰者带来不安宁或者使其心理产生阴影等。

2. 遭遇职场性骚扰，如何维权？

遭遇性骚扰后，当事人可以采用多种维权途径。比如，可以向单位高层投诉反映；可以通过媒体或自媒体曝光；可以向工会、妇联、法律援助中心等组织投诉，获得它们的帮助，出面协调处理或支持起诉；可以向公安机关报案；可以向法院起诉；涉及劳动争议的可以申请劳动仲裁。

在主张赔偿环节，除让骚扰者赔礼道歉、停止侵害外，受害者还可以向骚扰者主张民事侵权赔偿。用人单位如果对劳动者的性骚扰投诉举报无动于衷，后期导致事态升级，引起劳动者辞职或者违法解聘劳动者的，可以请求裁判机构裁决用人单位支付经济补偿金或赔偿金。

3. 用人单位对职场性骚扰应承担哪些责任？

《民法典》第一千零一十条不仅规定了性骚扰的定义，同时也明确了用人单位对职场性骚扰这一现象的预防、阻止、受理投诉、调查处置等责任。

当员工在职场遭遇性骚扰向用人单位投诉时，如果用人单位拒不处理则违法，员工可以据此要求用人单位承担相应的责任。第一，用人单位要承担行政责任。企业反性骚扰制度应当包括性骚扰预防制度、性骚扰受理投诉制度、性骚扰调查处置制度，还应增加性骚扰受害人的保护制度等。企业反性骚扰制度应当以用人单位规章的形式体现出来，依法制定的用人单位规章对劳动者和用人单位都具有约束力。如果用人单位未能采取相关措施的话，员工可以投诉到劳动主管部门，劳动主管部门可以基于《民法典》的规定要求用人单位予以整改。

第二，用人单位还可能要承担民事赔偿责任。如果用人单位未制定相关规章制度或采取相关措施预防职场性骚扰行为，员工因为性骚扰遭受损害的，员工可以向单位主张相应的赔偿责任。

值得注意的是，2022年10月30日修订通过的《妇女权益保障法》于2023年1月1日开始施行。该法明令禁止违背妇女意愿，以言语、文字、图像、肢体行为等方式对其实施性骚扰。并在第二十五条中明确规定："用人单位应当采取下列措施预防和制止对妇女的性骚扰：（一）制定禁止性骚扰的规章制度；（二）明确负责机构或者人员；（三）开展预防和制止性骚扰的教育培训活动；（四）采取必要的安全保卫措施；（五）设置投诉电话、信箱等，畅通投诉渠道；（六）建立和完善调查处置程序，及时处置纠纷并保护当事人隐私和个人信息；（七）支持、协助受害妇女依法维权，必要时为受害妇女提供心理疏导；（八）其他合理的预防和制止性骚扰措施。"

三、律师建议与提醒

根据 2018 年发布的《中国职场性骚扰调查报告》，经历过职场性骚扰的受访者 70% 选择了沉默。不同于一般场合的性骚扰，职场性骚扰往往来自雇主、上司、同事、客户等熟人，受害者因为涉及个人名誉和用人单位声誉，加上举证难度大、维权风险大等原因，大多敢怒不敢言。

取证难是职场性骚扰盛行的原因之一。建议在职场中遭到性骚扰的受害者要注意收集、保留被性骚扰的相关证据，如视频监控、录音、短信、对方的道歉信、微信聊天记录、同事证言等。如果情节严重，应立即报警，寻求警方的保护。如果情况允许，尽量在派出所要求性骚扰者书面道歉。警方出具的回执，也可作为一种证据。

《民法典》《妇女权益保障法》《女职工劳动保护特别规定》等法律法规都明确规定，预防和阻止职场性骚扰是用人单位的法定职责。用人单位如果处理不当，很可能会承担经济风险、法律风险以及声誉风险。因此，建议用人单位在签订劳动合同、制定员工手册及开展入职培训中，明确告知本单位对性骚扰持零容忍态度，一旦出现这种情况，将会用什么样的程序来处理以及相应的后果是怎么样的。通过建立健全的防治职场性骚扰规章制度，明确的投诉机制和应对机制，营造平等、安全、和谐的职场环境，树立单位良好的社会形象。

2. 公交司机急刹车，乘客受伤找谁赔？

一、案例场景回放

2022年4月春光明媚的一天，华娇和朋友们相约去公园踏青。她坐上驶向市外公园的公交车，途中驾驶员突然急刹车，导致华娇在公交车里摔倒受伤，随即被送往市中心医院治疗。

经诊断，华娇左股骨颈骨折，医生对其进行了左侧人工全髋关节置换术。华娇因此住院26天，其间接受二级护理22天，一级护理4天，医疗费共计4.3万元。

出院后，华娇分别于6月和8月遵医嘱到医院复查。华娇委托司法鉴定机构进行鉴定，被评定为九级伤残。华娇多次向公交公司和保险公司提出赔偿，要求给付医疗费4.3万元，护理费4000元，住院伙食补助费1500元，交通费300元，精神抚慰金5万元，鉴定费1000元，按照法律规定支付伤残赔偿金。

但是，公交公司和保险公司相互推诿不予支付。公交公司认为，因其已经在保险公司投保了座位险，所以要求保险公司先在投保范围内承担相应的责任，不足的部分再由公交公司承担。保险公司则认为，公交车投保的是道路客运承运人责任保险，该险种每次事故每车累计赔偿限额200万元，每次事故每人赔偿限额15万元，其中死亡伤残赔偿限额10万元，医疗费用赔偿限额5万元。华娇提供了乘坐该公交车的相关证据，公交公司可以在承运人责任保险限额内赔偿各项合理损失，但华娇要求的精神抚慰金属于保险合同约定的责任免除事项，鉴定费用不属于保险责任，保险公司不予承担。华娇见公交公司和保险公司迟迟不予给付，因此诉至法院。

法院受理后查明，公交公司于2021年在保险公司为其公司的公交客运车辆投保了道路客运承运人责任保险，保险合同中约定："本保单每次事故每人赔偿限额15万元，其中死亡伤残赔偿限额10万元，医疗费用赔偿限额5万元。保险期限自2021年10月1日0时起至2022年9月30日24时止。"

法院经审理认为，本案系公路旅客运输合同纠纷，公路旅客运输过程中承运人应当严格履行安全运输义务，将旅客安全运输至目的地，如果非因旅客自身健康原因或者故意、重大过失造成的在运输过程中的伤亡，承运人应当承担赔偿损失的违约责任。本案中，华娇乘坐公交公司的公交车辆出行，双方已形成公路旅客运输合同，在履行公路旅客运输合同过程中，双方均应按约履行各自义务，华娇在乘坐公交车辆过程中，因车辆急刹车导致摔伤，从而遭受经济损失，公交公司应当对华娇的损失承担赔偿责任。同时，依法成立的保险合同，自成立时生效。保险事故发生后，保险人应当遵循诚实信用原则按照保险合同的约定履行给付保险金义务。本案中，公交公司在保险公司处投保了道路客运承运人责任保险并缴纳保费，二者之间的保险合同依法成立且生效。华娇乘车受伤的时间为2022年4月，事故发生在保险期间内，保险公司应当在保险限额内对华娇承担保险理赔责任。

关于华娇所主张的医疗费，根据市中心医院出具的收款凭证、病历和诊断等证据，可以确定华娇共支出医疗费4.3万元，法院予以支持；关于华娇主张护理费4000元、住院伙食补助费1500元、交通费300元的诉讼请求，符合法律规定，应予支持；关于华娇主张按照法律规定支付伤残赔偿金，根据司法机构出具的鉴定意见书，认定华娇"左股骨颈骨折人工全髋关节置换术"后，评定为九级伤残，该鉴定意见系具有资质的单位作出，符合实际情况，结合华娇年龄并根据2022年度本市居民人均可支配收入标准计算华娇的伤残赔偿金应为11.2万元。关于华娇主张精神抚慰金5万元，华娇因伤致残，对其精神造成一定的痛苦应予抚慰，根据伤残评定情况，法院酌定为 1 万元；关于华娇主张鉴定费 1000 元，符合法律规定，法院亦予以支持。上述费用合计为 17.18 万元。上述损失应首先由保险公司在保险限额内承担保险责任，其中伤残赔偿金 11.2 万元，由保险公司承担 10 万元，医疗费 4.3 万元未超出保险限额，由保险公司承担，保险公司共支付 14.3 万元；剩余 2.88 万元，由公交公司承担。

二、法律条文解析

《民法典》第八百零九条规定："运输合同是承运人将旅客或者货物从起运地点运输到约定地点，旅客、托运人或者收货人支付票款或者运输费用的合同。"

第八百二十三条规定："承运人应当对运输过程中旅客的伤亡承担赔偿责任；但是，伤亡是旅客自身健康原因造成的或者承运人证明伤亡是旅客故意、重大过失造成的除外。前款规定适用于按照规定免票、持优待票或者经承运人许可搭乘的无票旅客。"

第九百九十六条规定："因当事人一方的违约行为，损害对方人格权并造成严重精神损害，受损害方选择请求其承担违约责任的，不影响受损害方请求精神损害赔偿。"

第一千一百七十九条规定："侵害他人造成人身损害的，应当赔偿医疗费、护理费、交通费、营养费、住院伙食补助费等为治疗和康复支出的合理费用，以及因误工减少的收入。造成残疾的，还应当赔偿辅助器具费和残疾赔偿金；造成死亡的，还应当赔偿丧葬费和死亡赔偿金。"

《保险法》第六十五条规定："保险人对责任保险的被保险人给第三者造成的损害，可以依照法律的规定或者合同的约定，直接向该第三者赔偿保险金。责任保险的被保险人给第三者造成损害，被保险人对第三者应负的赔偿责任确定的，根据被保险人的请求，保险人应当直接向该第三者赔偿保险金。被保险人怠于请求的，第三者有权就其应获赔偿部分直接向保险人请求赔偿保险金。责任保险的被保险人给第三者造成损害，被保险人未向该第三者赔偿的，保险人不得向被保险人赔偿保险金。责任保险是指以被保险人对第三者依法应负的赔偿责任为保险标的的保险。"

《最高人民法院关于审理人身损害赔偿案件适用法律若干问题的解释》[1] 第六条第一款规定："医疗费根据医疗机构出具的医药费、住院费等收款凭证，结合病历和诊断证明等相关证据确定。赔偿义务人对治疗的必要性和合理性有异议的，应当承担相应的举证责任。"

第八条规定："护理费根据护理人员的收入状况和护理人数、护理期限确定。护理人员有收入的，参照误工费的规定计算；护理人员没有收入或者雇佣护工的，参照当地护工从事同等级别护理的劳务报酬标准计算。护理人员原则上为一人，但医疗机构或者鉴定机构有明确意见的，可以参照确定护理人员人数。护理期限应计算至受害人恢复生活自理能力时止。受害人因残疾不能恢复生活自理能力的，可以根据其年龄、健康状况等因素确定合理的护理期限，但最长不超过二十年。受害人定残后的护理，应当根据其护理依赖程度并结合配制残疾辅助器具的情况确定护理级别。"

第九条规定："交通费根据受害人及其必要的陪护人员因就医或者转院治疗实际发生的费用计算。交通费应当以正式票据为凭；有关凭据应当与就医地点、时间、人数、次数相符合。"

第十条第一款规定："住院伙食补助费可以参照当地国家机关一般工作人员的出差伙食补助标准予以确定。"

第十二条规定："残疾赔偿金根据受害人丧失劳动能力程度或者伤残等级，按照受诉法院所在地上一年度城镇居民人均可支配收入标准，自定残之日起按二十年计算。但六十周岁以上的，年龄每增加一岁减少一

---

[1] 该解释于2003年12月4日通过，根据2022年2月15日最高人民法院审判委员会第1864次会议通过的《最高人民法院关于修改〈最高人民法院关于审理人身损害赔偿案件适用法律若干问题的解释〉的决定》修正，该修正自2022年5月1日起施行。

年；七十五周岁以上的，按五年计算。受害人因伤致残但实际收入没有减少，或者伤残等级较轻但造成职业妨害严重影响其劳动就业的，可以对残疾赔偿金作相应调整。"

本案中，华娇作为乘客，上车投币后，与公交公司形成了客运合同法律关系。驾驶员在驾驶车辆时，有合理的注意义务和提醒义务。公交公司在运输过程中致乘客受伤，违反了安全运输义务，按照客运合同属于违约，同时构成侵权行为。公交公司应当在约定期间或者合理期间内将旅客安全运输到约定地点，对非因旅客自身健康原因或者旅客故意、重大过失造成的损失应承担违约损害赔偿责任。华娇因公交司机急刹车致伤，由公交公司对乘客承担赔偿责任。公交公司已投保了承运人保险，应由保险公司在承保范围内进行赔偿。

三、律师建议与提醒

在《民法典》实施前，与本案类似的乘客在公交车上摔倒致伤案，如果乘客起诉公交公司违反安全运输的合同约定，要求精神损害赔偿金的诉求通常不予支持，因为缺少相关法条支持。要想获得精神损害赔偿，乘客只能以侵权作为案由进行起诉，并且要对损害事实、侵权人过错程度等承担相应的举证责任。

本案中，华娇提起运输合同纠纷之诉，主张公交公司违约对其造成伤害，要求损害赔偿。华娇被鉴定为九级伤残，可以认定公交公司的违约行为对她的人格权造成了损害。根据《民法典》第九百九十六条之规定："因当事人一方的违约行为，损害对方人格权并造成严重精神损害，受损害方选择请求其承担违约责任的，不影响受损害方请求精神损害赔偿。"最后法院判决公交公司对华娇承担赔偿精神抚慰金责任，旨在通过公正裁判彰显对人格权保护的重视。

以往违约行为造成受害人人格利益损害时，应依违约责任与侵权责任竞合的规定另行提起侵权责任之诉。自《民法典》实施后，受害人可以根据该法第九百九十六条的规定在违约纠纷中直接提出精神损害赔偿。该法条为当事人简化了诉讼程序，更有利于保护当事人的合法权益。

  最后提醒大家，衣食住行，处处有学问。出行第一要注意的是人身安全，若受到侵害，要学会依靠《民法典》及时维护自身合法权益。

3. 闺密借款拉我做保证人，她没钱还银行要我还？

一、案例场景回放

白嘉和金飞乐是一对闺密，两人都从事网店经营。白嘉与某市商业银行签订《个人循环借款合同》，合同约定：商业银行给予白嘉10万元借款额度；借款期限自2021年1月7日起至2022年1月6日止；借款利率根据借款发放之日中国人民银行同期同档次基准贷款利率上浮98%；具体借款金额、期限、用途和利率以借款借据为准；还款方式为按季付息，逾期付息视为违约；本金至借款期限届满时一次性归还，利随本清；借款人未按期归还借款本金，从逾期之日起按约定的利率加收50%罚息利率计收罚息，未按期偿付借款利息，按罚息利率计收复息；未按期支付利息，商业银行有权提前收回贷款；本合同所发生的诉讼费用、律师代理费等由借款人承担。

2021年1月7日，白嘉拉上金飞乐同去商业银行签约，应闺密的请求，金飞乐为白嘉签署了保证函，表示自愿承担连带保证责任。合同签订后，白嘉收到银行放款10万元，放款凭证约定借款月利率为7.83‰，借款用途为经营电子商务，借款到期日为2022年1月6日。

2022年借款到期后，白嘉没有还清款项，商业银行经催讨无果，于2022年6月将白嘉和金飞乐诉至法院，要求两人清偿贷款本金及利息。法院认为，商业银行与白嘉签订的《个人循环借款合同》系当事人的真实意思表示，其内容合法有效。白嘉未按约履行还本付息义务构成违约，金飞乐自愿为案涉债务提供连带责任保证，且未超出合同约定的保证期间，应在约定的保证范围内承担连带清偿责任。法院最后支持了商业银行的诉请，判决白嘉归还商业银行借款本金10万元，并支付利息（利息按合同约定计算至实际履行完毕之日止）；金飞乐在债权数额10万元及相应利息范围内对白嘉的上述债务承担连带清偿责任。

金飞乐没想到陪闺密去了次银行，碍于情面在保证函上签了名字，就要对这笔10万元借款承担还本付息的清偿责任，为此懊悔不已。

二、法律条文解析

《民法典》第六百七十四条规定："借款人应当按照约定的期限支付利息。对支付利息的期限没有约定或者约定不明确，依据本法第五百一十条的规定仍不能确定，借款期间不满一年的，应当在返还借款时一并支付；借款期间一年以上的，应当在每届满一年时支付，剩余期间不满一年的，应当在返还借款时一并支付。"

第六百七十五条规定："借款人应当按照约定的期限返还借款。对借款期限没有约定或者约定不明确，依据本法第五百一十条的规定仍不能确定的，借款人可以随时返还；贷款人可以催告借款人在合理期限内返还。"

第六百七十六条规定："借款人未按照约定的期限返还借款的，应当按照约定或者国家有关规定支付逾期利息。"

第六百八十八条规定："当事人在保证合同中约定保证人和债务人对债务承担连带责任的，为连带责任保证。连带责任保证的债务人不履行到期债务或者发生当事人约定的情形时，债权人可以请求债务人履行债务，也可以请求保证人在其保证范围内承担保证责任。"

第六百九十一条规定："保证的范围包括主债权及其利息、违约金、损害赔偿金和实现债权的费用。当事人另有约定的，按照其约定。"

第七百条规定："保证人承担保证责任后，除当事人另有约定外，有权在其承担保证责任的范围内向债务人追偿，享有债权人对债务人的权利,但是不得损害债权人的利益。"

三、律师建议与提醒

"亡羊补牢,犹未迟也。"事后,金飞乐找到律师咨询,寻求补救措施。

首先,律师提醒金飞乐,根据《民法典》第七百条的规定,金飞乐在承担连带保证责任后,有权向白嘉追偿这笔款项。

其次,律师建议金飞乐,日后若再涉及担保事项,一定要看清保证条款,是一般保证还是连带责任保证。

依据《民法典》的规定,保证分为一般保证和连带责任保证。这两种保证方式最大的区别在于保证人是否享有先诉抗辩权,即《民法典》第六百八十七条第二款规定的"一般保证的保证人在主合同纠纷未经审判或者仲裁,并就债务人财产依法强制执行仍不能履行债务前,有权拒绝向债权人承担保证责任",而连带责任保证人则不享有该权利。

"一般保证"的先诉抗辩权,从程序意义上讲,通过清偿顺位的先后设定,确保一般保证的保证人承担责任的时间在债务人之后,即仅在主合同纠纷经审判或者仲裁,并就债务人财产依法强制执行后,仍未能清偿债务的,一般保证人才承担保证责任。从实体意义上讲,在先诉抗辩程序的支持下,保证人只承担补充性的责任。即当债务人客观上无力偿还债务时,保证人才承担保证责任。而"连带责任保证"则无先诉抗辩权的相关权利,根据《民法典》第六百八十八条第二款的规定,"连带责任保证的债务人不履行到期债务或者发生当事人约定的情形时,债权人可以请求债务人履行债务,也可以请求保证人在其保证范围内承担保证责任"。

需要特别指出的是,在《民法典》实施前,按照原《担保法》的规定,当事人对于保证方式约定不明确的,一律按连带保证责任处理。这一规定显然是倾向于保护债权人的利益,保证人承担了较重的责任。《民法典》实施后，根据第六百八十六条第二款的规定："当事人在保证合同中对保证方式没有约定或者约定不明确的，按照一般保证承担保证责任。"也就是说，如果担保合同或担保条款中没有"连带"这两个字，可推定为"一般保证"。第六百八十六条对保证方式作了颠覆性的修改。《民法典》之所以将推定保证责任的条文与《担保法》作了截然不同的规定，就是要纠正以往公民法律意识不强，可能在不知道什么是一般保证，也不知道什么是连带保证的情况下，甚至都不知道担保的法律后果情形下，在意思表达不真实的情况下承担连带保证责任。

生活中，亲朋好友之间相互借钱是常有的事，尤其经商，资金头寸周转更是常事。最后，律师建议金飞乐，如果是自己借钱给他人，担心借款人不能按时还钱，可以增加保证人，并且明确保证人的保证方式；如果是作为保证人为他人的借款行为提供保证，必须对自己可承担的能力范围有准确认知，尽量选择一般保证方式，如果选择连带责任保证，一定要慎之又慎。

4. 好友合伙创业，退伙后能不退钱吗？

一、案例场景回放

老徐、小徐（两人系父子关系）、老黄、小许（两人系翁婿关系）四人同住一村。2016年，四人商议决定合伙创业，承包本村的一处果园经营农家乐，但没有签署书面合伙协议。当时商定，老徐投资22万元现金入伙，小徐投资15万元现金入伙。2018年1月8日，老徐、小徐看经营效益不理想决定退伙。鉴于农家乐经营有亏损，老徐、小徐当时入伙的钱折抵亏损的一部分，作价30万元，由老黄和小许承接，四人达成书面协议："小徐、老徐退出农家乐合作社，二人所持有股份折合成现金30万元，转让给老黄、小许二人。老黄和小许继续经营农家乐。"同日，老黄、小许向老徐、小徐出具借条，约定了欠款金额、还款日期以及违约金的计算方式，还款时间为2018年至2023年，每年各还款5万元。2018年至2021年，老黄和小许又共同增加投资来经营农家乐，但一直亏损。2021年5月，老黄觉得农家乐盈利无望，提出退出经营，并且不愿承担之前欠徐家父子的钱。老徐、小徐遂向法院起诉，要求老黄、小许根据约定连带偿还欠款30万元及违约金8万元。

在庭审中，老黄辩称，30万元是合伙投资款，投资必然伴随着风险，徐家父子退伙应当先由全体合伙人决议通过，对投资项目主体进行核算，最终确定是亏损或者盈利。有盈利时进行利润分配，有亏损时则按比例承担，否则老徐和小徐的行为就不是"合伙投资行为"。此外，2018年1月出具的借条无效，因为四人并没有真实的借贷意思表示，出借人也没有实际履行出借义务，属于无效行为。

　　法院认为，合伙合同是两个以上合伙人为了共同的事业目的，订立的共享利益、共担风险的协议。合伙的利润分配和亏损分担，按照合伙合同的约定办理。2018年1月8日，老徐、小徐、老黄、小许四人达成协议，老徐、小徐退出四人合伙的果园农家乐，将其股份折合人民币30万元转让给老黄、小许，同日老黄、小许向老徐、小徐出具借条。法院认为，诉讼争议中的30万元是投资款，偿还欠款的主张与协议书显示的内容不相符，也没有证据证明，因此法院不予支持。老徐、小徐请求老黄、小许支付违约金8万元，因该案不是借款合同纠纷，而是合伙合同纠纷，且在老徐、小徐退出四人合伙时并未在协议中约定，因此法院不予支持。最后判决老黄、小许连带偿还老徐和小徐的合伙投资款30万元。

二、法律条文解析

　　《民法典》第七条规定："民事主体从事民事活动，应当遵循诚信原则，秉持诚实，恪守承诺。"

　　第一百一十八条规定："民事主体依法享有债权。债权是因合同、侵权行为、无因管理、不当得利以及法律的其他规定，权利人请求特定义务人为或者不为一定行为的权利。"

　　第九百六十七条规定："合伙合同是两个以上合伙人为了共同的事业目的，订立的共享利益、共担风险的协议。"

　　第九百七十二条规定："合伙的利润分配和亏损分担，按照合伙合同的约定办理；合伙合同没有约定或者约定不明确的，由合伙人协商决定；协商不成的，由合伙人按照实缴出资比例分配、分担；无法确定出资比例的，由合伙人平均分配、分担。"

　　本案争议的焦点在于，老徐、小徐、老黄、小许四人之间是合伙关系还是借贷关系。所谓合伙，是指两个或两个以上的民事主体根据合伙协议而设立的共同出资、共同经营、共享收益、共担风险的组织。2016年四人决定合伙创业时没有签订书面协议，但2018年1月8日四人签署的协议书是合法有效的，是当事人的真实意思表示。协议中约定："小徐、老徐退出农家乐合作社，二人所持有股份折合成现金30万元，转让给老黄、小许二人。"徐家父子退伙一事已经经过了全体合伙人的一致同意，也约定了投资款退还的办法和方式。老黄和小许出具的借条，与四人同日书写的协议书是同一时间书写，是就退伙事宜协商后形成的，因为当时两人没有钱，所以才给徐家父子写了借条，并非胁迫，而是当事人的真实意思表示。因此，根据上述证据之间的法律关系，认定了本案属于合伙协议。关于合伙人之间转让合伙份额，《民法典》赋予了较大的自由约定空间，本案中涉诉的30万元应认定为合伙人之间财产份额的转让。

三、律师建议与提醒

在大众创业、万众创新的经济背景下，越来越多的人选择与身边亲友携手投资兴业，成为合伙人。合伙创业，就是"有福同享，有难同当"，合伙人通常是亲朋好友，但也要记得"白纸黑字，落笔生根"的重要性。

《民法典》第四百六十九条第一款规定："当事人订立合同，可以采用书面形式、口头形式或者其他形式。"虽然法律认定口头形式的合同，但是在实务中，若无书面协议，一旦产生纠纷就会带来很多问题，因此建议合伙创业时，最好签署书面的合伙协议。

起草合伙合同时，要载以下事项：

1. 合伙企业的名称和主要经营场所的地址；
2. 合伙人要合伙的目的和合伙经营范围；
3. 合伙人的姓名或者名称、住所；
4. 合伙人的出资方式、数额和缴付期限；

5. 利润分配、亏损分担方式；

6. 决定合伙事务由谁执行；

7. 入伙与退伙；

8. 争议解决办法；

9. 合伙企业的解散与清算；

10. 违约责任。

在上述 10 个事项中最需要重视的是出资方式、利润分配、亏损承担方式，以及入伙与退伙的事项。

本案中，徐家父子退伙，要求老黄和小许偿还 30 万元得到了法院的支持，但要求支付违约金的诉求没有得到法院的支持，因为他们在退伙协议中没有约定违约金的计算和支付方式。因此特别提醒，在合伙合同的"入伙和退伙"条款项下，不仅要约定明确的转让程序，同时也要约定对于转让异议的处理程序及相应的违约责任。

5. 解除劳动合同协议有两份，是"阴合同"有效，还是"阳合同"有效？

一、案例场景回放

小殷在2018年大学毕业后入职于一家科技集团公司，不久即被安排在集团下属的一家子公司工作，并与子公司某阳科技重新签订劳动合同建立劳动关系。2021年3月31日，小殷与某阳科技协商解除劳动合同，双方办理离职手续并签订了《协商解除劳动合同协议书》，协议中明确了经济补偿金、工资结算等内容。第二天，公司人事部门以协议需提交总部为由，微信通知小殷重返公司再次签订《协商解除劳动合同协议书》，并且强调协议内容和金额不变。小殷返回公司后即在《协商解除劳动合同协议书》上签名。2021年4月6日，小殷在办理失业登记时发现重新签订的协议中将原先约定的经济补偿金10000元/月写成了10000元，遂向公司提出异议。公司则认为，已经按照协议书将经济补偿金10000元打款至小殷银行账户，协议履行完毕。小殷不服，诉至法院。

法院经审理后认为，劳动合同当事人均应遵循诚实信用原则。劳动者与用人单位协商一致解除劳动关系，双方基于真实的意思表示，就相关权利义务达成的协议对双方具有法律约束力。

劳动者与用人单位就解除或者终止劳动合同办理相关手续、支付经济补偿金或者赔偿金等达成的协议，若存在重大误解或者显失公平的情形，当事人请求撤销的，人民法院应予支持。本案中，虽公司手持协议显示双方约定经济补偿金为10000元，但小殷离职前月工资为10000元，依据相关规定可获得的经济补偿远高于协议所载的10000元。结合双方第二份协议签订的过程，小殷自述重新签订时未仔细核对，用人单位所载的经济补偿金金额非其真实意思表示，法院予以认定。综上，法院认定小殷经济补偿金应以10000元/月为标准计算，最终判决公司应向小殷支付经济补偿金差额30000元。

二、法律条文解析

《民法典》第一百四十六条规定："行为人与相对人以虚假的意思表示实施的民事法律行为无效。以虚假的意思表示隐藏的民事法律行为的效力，依照有关法律规定处理。"

《劳动合同法》第四十六条第五项和第四十七条规定，在劳动合同到期后，如果用人单位拒绝续订劳动合同，其应当按照劳动者在本单位工作的年限，以每满一年支付一个月工资的标准向劳动者支付经济补偿金。

本案是一起典型的因签订"阴阳合同"而导致的劳动争议纠纷。那么，什么是"阴阳合同"？阴阳合同，是指合同当事人就同一事项订立两份以上的内容不相同的合同。一份对内，另一份对外，其中对外的一份合同叫"阳合同"，并不是双方的真实意思表示，而是以逃避国家税收等为目的；对内的一份"阴合同"则是双方真实意思表示，可以是书面或口头的。在法律效力上，通常"阴阳合同"中的"阳合同"因不体现当事人的真实意思而不发生效力，而"阴合同"是当事人的真实意思表示而被认定为有效合同，"阴合同"只要内容合法，同样受法律保护。需要注意的是，如果当事人利用"阴阳合同"实施违法行为，或者以合法的形式掩盖违法的目的，则不仅伪装的"阳合同"无效，被伪装的"阴合同"也因内容违法而无效。因此，对"阴阳合同"的签订要慎之又慎。

本案中，小殷与公司签订《协商解除劳动合同协议书》过程中，公司人事部利用其优势地位和小殷对其的信任，刻意误导劳动者签订"阴阳合同",损害了小殷作为劳动者的合法权益,因此人民法院对于第二份签署的"阳合同"予以了否定。

三、律师建议与提醒

劳动争议中发生的阴阳合同一般分为下面两种。一种是"阳合同"约定的标准优于"阴合同"。通常,企业与劳动者签订的"阳合同"是用来应对劳动部门监督检查,实际则是按标准远低于"阳合同"的"阴合同"履行。比如,"阳合同"约定的工资标准符合国家规定,但"阴合同"的工资标准低于本市的最低标准。另一种是"阴合同"约定的标准高于"阳合同"。签订此类劳动合同,劳动者可以少缴纳个人所得税,因此很多劳动者自愿签署。但是从根本上来说,签订阴阳合同,是对劳动者权益的一种侵害。

特别提醒劳动者,在签订涉及自身重大利益的协议时,需要仔细核对、谨慎处理,不要轻信口头承诺,必要时拍照、复印存证。同时也提醒用人单位,应当恪守诚信原则,依法依规处理用人单位与劳动者的关系。

6. 委托他人理财炒股，签订的收益保底条款算不算数？

一、案例场景回放

洪先生因其在证券市场投资收益不菲，是朋友圈里颇有名气的"股神"。吕女士加了洪先生的微信群后，听从他的建议，几番操作都实现了增值，因此对洪先生非常崇拜。吕女士决定请洪先生代为理财，两人签订了《有偿代客理财协议》，协议中约定：吕女士以本人名义在某证券公司开设交易账户，并将该账号及交易密码告知洪先生，洪先生拥有独立的下单操作权，无资金调拨权；吕女士无下单操作权，有资金调拨权。合作时间为三个月，该期间吕女士不得取出本金。吕女士投入初始资金100万元，每月固定获利3万元，资金亏损由洪先生全部承担，盈利3万元以上的利润由双方按照吕女士40%、洪先生60%的比例分配。签订协议当日，吕女士将100万元转入本人开设的交易账户。两个月后，洪先生将账户平仓止损后不再交易。三个月合作期满后，吕女士将账户内剩余资金40余万元取出，其间多次联系洪先生要求返还资金，洪先生返还吕女士10万元后，微信上拉黑吕女士，切断所有联系方式。吕女士遂诉至法院。

庭上，吕女士主张双方签订的《有偿代客理财协议》有效，请求洪先生退还剩余50万元初始资金，并按照每月3万元支付固定利润。洪先生辩称，投资损失是因遇到股灾，不属于个人操作失误，证券市场是高风险投资，风险应由委托人自担。协议中的保底条款约定违反了法律规定，系无效约定，因此《有偿代客理财协议》属无效合同。

法院经审理后认为,《有偿代客理财协议》约定,委托人自己开设资金账户,委托受托人进行投资管理,符合委托合同法律关系的特征,系委托理财合同。协议中约定,委托人吕女士不承担本金亏损风险,只享有固定收益加利润分成,具有保底条款性质,违背公平原则及委托关系中责任承担规则,属无效条款。该条款属于目的条款和核心条款,保底条款无效导致委托理财合同整体无效。吕女士以合同有效提起诉讼并主张相关权利,与法院根据案件事实认定的合同无效不一致。在此种情形下,审查合同效力是查明事实的基础,应当甄别当事人诉讼请求的性质及法律依据,以确定是否存在能够适用的实体法规范基础。依据法律规定,合同无效或者被撤销后,因该合同而取得的财产,应当予以返还,不能返还或者没有必要返还的,应当折价补偿。吕女士诉请返还剩余资金及支付固定利润,其中,退还剩余委托资金系合同无效的后果,因此最终判决洪先生返还吕女士剩余委托资金50万元。

二、法律条文解析

本案是典型的民间委托理财合同纠纷。民间委托理财合同纠纷,是指委托人将其资金、金融性资产委托给非金融机构或自然人,受托人在一定期限内将委托资产投资于证券、期货等金融市场,由该资产管理活动引发的合同纠纷。

1. 什么是保底条款?

根据委托代理关系的基本原则,委托理财的收益和损失均应由委托人承担。实践中,受托人为吸引投资往往约定保底条款对委托人作出收益、本金或者损失上限的保证,因此保底条款也成为引发委托理财合同纠纷的主要原因。保底条款,是指无论委托理财盈利或者亏损,委托人均收回部分或全部投资本金甚至获取收益的条款,具体形式不限于在委托理财合同中约定保底条款,还包括签订单独的保底协议或出具承诺书等。

本案中，吕女士委托洪先生投资理财是为了实现资产的保值、增值，洪先生真实开展了理财业务，《有偿代客理财协议》中保证本息固定回报的约定即属于保底条款。

2. 保底条款是否有效？

法院在审理民间委托理财合同纠纷案件时，以《民法典》总则编、合同编的相关条款作为主要法律依据。

《民法典》第六条规定："民事主体从事民事活动，应当遵循公平原则，合理确定各方的权利和义务。"

第一百五十三条规定："违反法律、行政法规的强制性规定的民事法律行为无效。但是，该强制性规定不导致该民事法律行为无效的除外。违背公序良俗的民事法律行为无效。"

第九百二十九条第一款规定："有偿的委托合同，因受托人的过错造成委托人损失的，委托人可以请求赔偿损失。无偿的委托合同，因受托人的故意或者重大过失造成委托人损失的，委托人可以请求赔偿损失。"

保底条款所约定的民事权利义务在一定程度上存在不对等的情况，免除了委托人应承担的投资风险，违背《民法典》第六条规定的公平原则。根据《民法典》第九百二十九条的规定，委托合同的受托人只承担因己方过错造成委托人损失的责任，而保底条款约定受托人承担非因其过错造成的损失，与委托合同关系的基本规则相背离。

此外，我国《证券法》《信托法》等法律均规定，金融机构作为资产管理产品的受托人与受益人订立的保底条款无效。尽管非金融机构或自然人不宜完全适用上述法律法规，但法律对特殊主体的特别规定，对于规制一般主体亦具有一定的借鉴和引导作用。

从民商法的基本规则和金融市场稳定的角度考量，司法实践中一般认定委托理财合同中的保底条款因违反公平原则和公序良俗而无效。

3. 保底条款无效对合同效力的影响

《民法典》第一百五十六条规定:"民事法律行为部分无效,不影响其他部分效力的,其他部分仍然有效。"

第一百五十七条规定:"民事法律行为无效、被撤销或者确定不发生效力后,行为人因该行为取得的财产,应当予以返还;不能返还或者没有必要返还的,应当折价补偿。有过错的一方应当赔偿对方由此所受到的损失;各方都有过错的,应当各自承担相应的责任。法律另有规定的,依照其规定。"

民间委托理财合同中,委托人是因受托人承诺保证本金安全方与受托人订立委托理财合同;若缺乏保底条款,委托人则不会订立委托理财合同,此时应当认定保底条款属于委托理财合同的目的条款。从委托理财权利义务的内容来看,委托人与受托人在委托理财合同中的关键权利义务均由保底条款予以确定,此时保底条款则属于委托理财合同的核心条款。在保底条款属于委托理财合同的目的条款和核心条款的情况下,保底条款的无效将导致委托理财合同整体无效。若保底条款不影响委托理财合同其他部分效力的,其他部分仍然有效。

对于合同无效的法律后果,《民法典》第一百五十七条确定了对返还利益的救济,而非违约责任的承担。当保底条款被认定为无效时,投资人不能实现"旱涝保收"的投资目的。本案中,吕女士签署的保底条款是无效条款,所以不能主张洪先生支付固定利润,只能请求其退还剩余资金。

三、律师建议与提醒

投资有风险,理财须谨慎。理财亦有风险,委托更须谨慎。民间委托理财的资金安全一直以来都存在着较大的法律风险,很多人因为轻信一些机构广告宣传中所谓的"保本"理财,导致自己的财产遭受巨大损失。因此,建议在选择理财机构时,一定要注意识别该机构的资质,不要被广告语所蒙蔽，必要时可以委托律师进行调查以规避法律风险。如果是委托亲朋好友或者熟人投资理财时，注意要签订书面委托协议，就委托事项、收益及亏损分担问题作出明确约定，避免日后出现纠纷时没有明确的合同依据。同时，也要了解保底条款的法律风险，慎重约定保底条款。

7. 借钱给朋友约定的利息较高，可能要不回？

一、案例场景回放

老赖是新华路上一家服装店的老板，老钱是新华路上一家玩具店的老板，两家店相隔不过十多米，老赖和老钱因此相识相交有多年。2021年1月10日，老赖因为进一批新货需要资金周转，向老钱借款20万元，老钱当即同意，通过银行转账给了老赖10万元。第二天，老钱让儿子小钱通过手机银行分两笔给老赖转账各5万元（合计10万元），总计转账20万元。老赖收到款项后向老钱出具了借条，约定借款期限为一年，月息为1分5厘，并以老赖位于某小区×号楼×室房产证做抵押。2022年1月11日，借款期限届满后，老赖却未按约定偿还借款本息，老钱向老赖追要借款，老赖一直推托不还。多次催要无果，见老赖准备关闭服装店，老钱只好诉至法院要求其偿还借款本息，并向法院申请财产保全。

法院受理后，以20万元为限依法冻结老赖银行存款账户和网络资金账户，冻结期限为一年。本案的争议焦点为，是否应偿还20万元本金和利息，以及利息该如何计算。法院认为，债务应当予以清偿。老赖为周转资金向老钱借款20万元，约定了利息及借款期限，并出具了借条，双方达成借贷合意并作出书面约定；老钱向老赖转账20万元，履行了自己的出借义务，双方之间成立了借贷关系。借款到期，老钱现在要求老赖偿还借款本息，老赖应当及时履行还款义务。老钱要求老赖承担借款利息一项，双方约定的月息1分5厘已超过了法律规定的合同成立时一年期贷款市场报价利率四倍，即15.4%，故对超过部分不予支持。老赖应向老钱偿还借款本金 20 万元及利息（自 2021 年 1 月 11 日起，利息以 20 万元为基数，按照年利率 15.4%计算至还清之日）。

二、法律条文解析

《民法典》第六百七十五条规定："借款人应当按照约定的期限返还借款。对借款期限没有约定或者约定不明确，依据本法第五百一十条的规定仍不能确定的，借款人可以随时返还；贷款人可以催告借款人在合理期限内返还。"

第六百七十六条规定："借款人未按照约定的期限返还借款的，应当按照约定或者国家有关规定支付逾期利息。"

第六百八十条第一款规定："禁止高利放贷，借款的利率不得违反国家有关规定。"

《最高人民法院关于审理民间借贷案件适用法律若干问题的规定》第二十五条规定："出借人请求借款人按照合同约定利率支付利息的，人民法院应予支持，但是双方约定的利率超过合同成立时一年期贷款市场报价利率四倍的除外。前款所称'一年期贷款市场报价利率'，是指中国人民银行授权全国银行间同业拆借中心自 2019 年 8 月 20 日起每月发布的一年期贷款市场报价利率。"

第二十八条规定："借贷双方对逾期利率有约定的，从其约定，但是以不超过合同成立时一年期贷款市场报价利率四倍为限。未约定逾期利率或者约定不明的，人民法院可以区分不同情况处理：（一）既未约定借期内利率，也未约定逾期利率，出借人主张借款人自逾期还款之日起参照当时一年期贷款市场报价利率标准计算的利息承担逾期还款违约责任的，人民法院应予支持；（二）约定了借期内利率但是未约定逾期利率，出借人主张借款人自逾期还款之日起按照借期内利率支付资金占用期间利息的，人民法院应予支持。"

第三十一条第一款和第二款规定："本规定施行后，人民法院新受理的一审民间借贷纠纷案件，适用本规定。2020年8月20日之后新受理的一审民间借贷案件，借贷合同成立于2020年8月20日之前，当事人请求适用当时的司法解释计算自合同成立到2020年8月19日的利息部分的，人民法院应予支持；对于自2020年8月20日到借款返还之日的利息部分，适用起诉时本规定的利率保护标准计算。"

因此，2020年8月20日是民间借贷利率计算标准的"分水岭"。在2020年8月20日之前，《最高人民法院关于审理民间借贷案件适用法律若干问题的规定》规定利率计算标准是两线三区，即约定的年利率未超过24%（也就是月息为2分）是法律认可的；超过24%不超过36%的部分，若借款人已经归还的，根据"还了就还了"的规则，应当认定该归还行为合法；超过年利率36%，超过部分的利息约定无效，借款人请求出借人返还已支付的，超过年利率36%部分的利息的，人民法院应予支持。2020年8月20日之后，民间借贷按新规不超过年利率15.4%的标准计算利息，在标准以内的利息受法律保护，超过标准的利息部分则不受法律保护。自2022年1月20日起，民间借贷的最高年利率从之前的15.4%降到14.8%，超过14.8%的部分不受法律保护。

三、律师建议与提醒

民间借贷在生活中是很普遍的现象，偶尔借给有特殊情况急需用钱的亲友没有问题。对借款人来说，相较于银行和其他金融机构，个人借贷资金效率更高、手续更简便、流程更灵活。但缺点也是明显的，利率较高，借款人要付出更多的资金成本。对出借人来说，约定利率不能超过法定范围。约定的利率如果高于银行同期贷款利率四倍的就属于高利贷，不受法律保护。俗话说"借钱容易讨债难"，特别是大额借款要三思而后行。

四、恋爱婚姻家庭篇

1. 订婚时送的彩礼，退婚后能要求返还吗？

一、案例场景回放

傅汉和吴丽在一次朋友聚会中相识，不久两人确立恋爱关系。恋爱期间，傅汉给吴丽多次发送微信红包520元、1314元并备注"我爱你""一生一世"等，共计9200元，吴丽也通过微信给傅汉转过生日红包，共计2888元。次年5月，两人订婚。按照当地习俗，傅汉带吴丽到百年银楼买了金手镯、金戒指、金项链（"三金"价值36000元）作为订婚礼物，在订婚宴上给了吴丽大红包现金88000元作为彩礼。两人订婚后便开始同居生活，由于性格不合，日常矛盾不断。三个月后，吴丽提出分手，傅汉要求吴丽退还订婚前的微信红包、订婚首饰和礼金，以及订婚后两人同居期间所支付的房租、给吴丽支付的驾校学车费用、美容美发卡等花费（29000元）。吴丽同意退还订婚时收取的彩礼88000元，但订婚前收到的镯子、戒指、项链是两人恋爱期间正常的礼物，属于赠与，不应返还，况且订婚首饰在两人吵架中因一时生气已经扔到湖里，所以无法返还。29000元是两人共同生活期间正常的消费支出，没有理由返还。双方无法达成一致意见，遂诉至法院。

法院受理后认为，本案属于婚约财产纠纷案件。婚约是男女双方以将来结婚为目的所作的事先约定，订立婚约的行为被称为订婚。按照民间习俗，订婚支付彩礼及"三金"是当地一种习惯做法，根据《民法典婚姻家庭编司法解释（一）》第五条第一款的规定，未办理结婚登记手续，请求返还按照习俗给付的彩礼的，人民法院应当予以支持。本案中，傅汉与吴丽相识后相恋，傅汉为订婚给吴丽购买金手镯、金戒指、金项链，共计36000元，现金红包彩礼88000元，以上共计124000元，均系直接以缔结婚姻为目的而支付的大宗财物，故均属于彩礼范围。现双方婚约关系无法继续，未办理结婚登记，傅汉请求吴丽返还彩礼和"三金"，法院应予以支持。关于两人在交往过程中，傅汉多次给付吴丽微信转款共计9200元，该款项是在恋爱交往过程中相互之间礼尚往来，并且吴丽也给傅汉通过微信转过款项，不属于彩礼款，法院不予支持。关于吴丽辩解傅汉给予"三金"是一种赠与行为，不应返还的问题，根据法律规定，严禁借婚姻索取财物，吴丽该辩解于法无据，其辩解理由不能成立，法院不予采纳。另外，傅汉要求返还在订婚后为吴丽支付的款项29000元，这部分款项是双方同居时男方支付的费用，不属于彩礼款，考虑到两人共同生活三个月的实际情况，对该请求法院不予支持。最后判决吴丽返还傅汉给付的"三金"及彩礼，共计124000元。

二、法律条文解析

《民法典》第一千零四十二条第一款规定："禁止包办、买卖婚姻和其他干涉婚姻自由的行为。禁止借婚姻索取财物。"

《民法典婚姻家庭编司法解释（一）》第五条规定："当事人请求返还按照习俗给付的彩礼的，如果查明属于以下情形，人民法院应当予以支持：（一）双方未办理结婚登记手续；（二）双方办理结婚登记手续但确未共同生活；（三）婚前给付并导致给付人生活困难。适用前款第二项、第三项的规定，应当以双方离婚为条件。"

给付彩礼是我国很多地区传统的婚姻习俗，是男女双方以将来结婚为目的的给付，在法律性质上是一种以结婚为成就条件的赠与行为。该行为与通常的赠与并不同，其是为了促成婚约的履行、实现结婚之目的而成立的一种附条件的民事行为。当结婚目的不能实现，即解除婚约时，一方无权要求对方履行与其结婚的"义务"，而接受财物一方也因此丧失了占有婚约财产的合法依据。

本案中，傅汉与吴丽相识相恋后，双方约定按习俗给付彩礼并订婚。现双方婚约关系无法继续，至今未办理结婚登记，傅汉请求吴丽返还彩礼，合法有据。

三、律师建议与提醒

从本案的判决中，可以看到法院的审判一方面弘扬了社会主义法治精神，倡导了文明健康的婚恋观；另一方面也注意到了对女方相应权益的法律保护。

根据《民法典婚姻家庭编司法解释（一）》的规定，彩礼的给付都是以结婚为目的，若能举证证实是彩礼，在没有结婚的前提下，法院是支持退还彩礼的。需要注意的是，并不是所有的彩礼都能要回来的，在下面这几种情况下，是不能要求返还彩礼的。

第一，已经登记结婚并同居生活的。这种情形下，因为已经达成了缔结婚约的目的，因此离婚后彩礼不能要求返还。

第二，男女双方未办理结婚登记手续而同居生活时间较长的，一般认定两年以上或者同居生活期间生育子女的，离婚后彩礼也不能要求返还。

第三，男女双方未办理结婚登记手续而同居生活，所接受的彩礼确已用于共同生活的，离婚后彩礼不能要求返还。共同生活的界定，主要限制在家庭成员因生活、生产需要并实际支出，如男女一方或双方患病花费、共同经营投资等。

第四，在婚约存续期间，婚约当事人死亡的，离婚后彩礼不能要求返还。但是，在死亡前已经起诉的应予除外。

2. 老公给"小三"买房、买车、买包，老婆发现后可以要求返还吗？

一、案例场景回放

卫女士与殷先生结婚 12 年，育有一子一女。婚后两人白手起家创办公司，苦心经营 10 年，待公司实现稳定增长后，卫女士逐渐退出公司，专注于照顾家庭。2022 年，经朋友告知，卫女士才发现丈夫殷先生瞒着自己另筑新巢，包养"小三"胡小姐。胡小姐在一次酒会上结识殷先生，明知殷先生已婚已育，仍与其进行不正当的交往，并且婚外怀孕流产一次。

从 2019 年 2 月 13 日起至 2022 年 4 月 5 日止，殷先生通过其工商银行账户给胡小姐转账 200 万元用于购房，通过交通银行账户购买价值 28 万元小汽车一辆作为送给胡小姐的生日礼物，且通过微信多次转账给胡小姐用于购买礼物，包括首饰及各种奢侈品牌皮包、衣鞋等，共计 15 万余元。卫女士认为，殷先生没有经过自己同意私自将夫妻共有财产支付给"小三"是非法的，要求胡小姐返还上述款项 243 万元，胡小姐则认为这是殷先生用他个人资产赠与的，不愿返还。卫女士因此将胡小姐诉至法院。

法院认为，本案实质是不当得利纠纷案。根据《民法典》的规定，夫妻在婚姻关系存续期间所取得的财产除法定应当归夫妻一方的情形外，原则上均属于夫妻共同财产。夫妻对其共同财产有平等的处理权。夫妻一方非因日常生活需要处分夫妻共同财产时，应当协商一致，任何一方无权单独处分夫妻共同财产。殷先生基于与胡小姐之间的不正当男女关系向胡小姐转账及购物花费243万元，属于处分夫妻共同财产的行为。该行为既非因日常生活需要，又未经共同财产所有人卫女士同意，损害了卫女士的利益，且有违公序良俗原则，胡小姐所得为不当得利。卫女士基于其对夫妻共同财产的合法权利向婚外第三者胡小姐主张不当得利请求权，要求胡小姐返还上述财产，合法有据，因此得到法院支持。

二、法律条文解析

《民法典》第一百五十三条规定："违反法律、行政法规的强制性规定的民事法律行为无效。但是，该强制性规定不导致该民事法律行为无效的除外。违背公序良俗的民事法律行为无效。"

第一百五十七条规定："民事法律行为无效、被撤销或者确定不发生效力后，行为人因该行为取得的财产，应当予以返还；不能返还或者没有必要返还的，应当折价补偿。有过错的一方应当赔偿对方由此所受到的损失；各方都有过错的，应当各自承担相应的责任。法律另有规定的，依照其规定。"

第一千零四十一条规定："婚姻家庭受国家保护。实行婚姻自由、一夫一妻、男女平等的婚姻制度。保护妇女、未成年人、老年人、残疾人的合法权益。"

第一千零六十二条规定："夫妻在婚姻关系存续期间所得的下列财产，为夫妻的共同财产，归夫妻共同所有：（一）工资、奖金、劳务报酬；（二）生产、经营、投资的收益；（三）知识产权的收益；（四）继承或者受赠的财产，但是本法第一千零六十三条第三项规定的除外；（五）其他应当归共同所有的财产。夫妻对共同财产，有平等的处理权。"

我国法律上并不存在"小三"的相关条款，但在民间，"小三"已约定俗成为"插入已婚家庭的第三者"。本案中，卫女士通过起诉把老公殷先生赠与"小三"胡小姐的车、房、首饰、奢侈品等成功索要回来。因为夫妻俩对于婚后共有财产有共同且平等的处置权,在处置财产不是用于家庭正常开销时,需要夫妻俩一起协商解决。没有经过协商,一方私自将共有财产给第三者的,作为夫妻的另一方有权利要求第三者返还夫妻俩的共有财产。

三、律师建议与提醒

对于夫妻共同财产,男女有平等的知情权和处理权。在婚姻关系存续期间,因日常生活需要而处理共同财产的,夫妻任何一方均有权决定;非因日常生活需要对夫妻大额共同财产做重要处理决定的,夫妻应当平等协商,取得一致意见。夫妻一方擅自将共同财产赠与他人,显然超出了日常生活需要的范围,侵犯了另一方的财产权利,赠与给婚姻外"小三"的行为更是违背公序良俗,财产权益受损的一方有权以侵犯共有财产权为由请求返还。

"百年修得同船渡,千年修得共枕眠。"已婚人士要珍惜自己的家庭,经营好婚姻,在"小三"插足家庭后,更要懂得捍卫自身的权益。平时要注意保留各种银行、支付宝、微信等转账记录,如果自己无法取得相关证据时,应及时委托律师,由律师持法院开出的律师调查令进行广泛的证据收集,形成证据链,争取有利于自己的判决。

3. 精神病人结婚属无效婚姻吗？精神病人想离婚怎么办？

一、案例场景回放

迟女士与袁先生于 2008 年经人介绍相识，袁先生知道迟女士曾患有精神疾病，但两人感情发展迅速，交往两年后便登记结婚。婚后，迟女士与袁先生及其父母共同居住，2010 年生育一女。2020 年，袁先生上班时发生事故死亡，迟女士受此打击病情复发，后被迟父接回家中居住。2021 年，法院作出判决，认定迟女士为限制民事行为能力人，并指定迟女士父母为迟女士的法定监护人。袁先生的弟弟认为迟女士在与袁先生结婚时患有精神疾病，限制民事行为能力人作出的民事行为不具有完全的法律效力，不符合法定结婚条件，故诉至法院请求确认袁先生与迟女士的婚姻无效。

法院经审理后认为，袁先生的弟弟虽然不是迟女士的配偶，但根据《民法典婚姻家庭编司法解释（一）》的规定，其作为当事人的近亲属，可以诉请确认袁先生与迟女士的婚姻无效。《民法典》规定了婚姻无效只有三种情形，即重婚、有禁止结婚的亲属关系及未到法定婚龄。本案中，袁先生的弟弟以迟女士患有精神疾病为由，主张袁先生与迟女士的婚姻无效，该情形不属于上述三种无效婚姻的类型。婚姻当事人享有自主决定自己婚姻的权利，不受他人干涉。迟女士虽然患有精神疾病，但法律并未规定患有精神疾病不能结婚。袁先生与迟女士经自由恋爱结婚，且生育了子女，夫妻感情良好。迟女士患有精神疾病的问题，并不是法律规定无效婚姻的事由。

现迟女士被认定为限制民事行为能力人,但袁先生的弟弟并没有证据证明她登记结婚时为限制民事行为能力人。因此,袁先生弟弟的诉讼理由不能成立,法院不予支持。

二、法律条文解析

所谓无效婚姻,是指欠缺婚姻成立的法定条件而不发生法律效力的违法婚姻,也就是法律不予承认和保护的婚姻。婚姻无效纠纷,则是指具有婚姻关系的一方当事人,以其婚姻关系缺乏法律规定的有效要件为由主张婚姻关系无效,由此引发的纠纷。

《民法典》第一千零五十一条规定:"有下列情形之一的,婚姻无效:(一)重婚;(二)有禁止结婚的亲属关系;(三)未到法定婚龄。"

第一千零五十三条规定:"一方患有重大疾病的,应当在结婚登记前如实告知另一方;不如实告知的,另一方可以向人民法院请求撤销婚姻。请求撤销婚姻的,应当自知道或者应当知道撤销事由之日起一年内提出。"

《民法典婚姻家庭编司法解释(一)》第九条规定:"有权依据民法典第一千零五十一条规定向人民法院就已办理结婚登记的婚姻请求确认婚姻无效的主体,包括婚姻当事人及利害关系人。其中,利害关系人包括:(一)以重婚为由的,为当事人的近亲属及基层组织;(二)以未到法定婚龄为由的,为未到法定婚龄者的近亲属;(三)以有禁止结婚的亲属关系为由的,为当事人的近亲属。"

第十七条第一款规定:"当事人以民法典第一千零五十一条规定的三种无效婚姻以外的情形请求确认婚姻无效的,人民法院应当判决驳回当事人的诉讼请求。"

根据以上法律规定,精神病人不在禁止结婚和无效婚姻的情形之中。因此,隐瞒精神病结婚不属于无效婚姻。

需要说明的是,《民法典》出台之前的《婚姻法》在第十条规定:

"有下列情形之一的，婚姻无效：（一）重婚的；（二）有禁止结婚的亲属关系的；（三）婚前患有医学上认为不应当结婚的疾病，婚后尚未治愈的；（四）未到法定婚龄的。"比起《民法典》多了一项"患有医学上认为不应当结婚的疾病"的禁止情形。那么，什么是"医学上认为不应当结婚的疾病"呢？《婚姻法》中并没有具体规定，根据《母婴保健法》第八条之规定，医学上认为不应当结婚的疾病主要包括以下三种：一是指定传染病，包括艾滋病、淋病、梅毒、麻风病以及医学上认为影响结婚和生育的其他传染病。二是严重遗传性疾病，是指由于遗传因素先天形成，患者全部或者部分丧失自主生活能力，后代再现风险高，医学上认为不宜生育的遗传性疾病。三是有关精神病，是指精神分裂症、躁狂抑郁型精神病以及其他重型精神病。

具体来说，《母婴保健法》在第九条对于精神病人的结婚问题作出规定，即经婚前医学检查，对患有关精神病在发病期内的，医师应当提出医学意见；准备结婚的男女双方应当暂缓结婚。而有关精神病，第三十八条规定，是指精神分裂症、躁狂抑郁型精神病以及其他重型精神病。

《母婴保健法》说明了婚检项目和暂缓结婚的情形，但并未确定具体的禁婚疾病。而且，在我国的婚姻登记管理中，并未将婚前检查作为强制程序，提交婚检材料也并非结婚登记的必备手续。所以，精神病人是可以结婚生育的，婚前有精神病史属于暂缓结婚的范围，只要不在发病期，结婚就属于有效。但如在发病期结婚，则可以被确认为无效。

三、律师建议与提醒

精神病人有权过上正常的婚姻家庭生活，只要双方知情，且在自愿的基础上，可以自由选择结婚或者离婚。疾病不应是影响婚姻的主要因素，感情和基于自愿的选择才是婚姻最本质的要素。

本案探讨了精神病人结婚的相关法律规定，那么涉及精神病人离婚，法律又有哪些规定呢？

首先，精神病人离婚只能通过法院判决。根据《婚姻登记条例》的规定，婚姻登记机关对限制民事行为能力人或者无民事行为能力人的离婚，不予受理。登记离婚基于双方自愿，精神障碍者由于精神状态异常，可能在感情是否破裂、财产分割、子女安排方面难以准确地表达真实意思，其合法权益可能会受到侵害。所以精神病人不能登记离婚，必须采取诉讼离婚的方式。

其次，精神病人无论是作为离婚诉讼的被告还是原告，均具有诉讼主体资格，若不具有诉讼行为能力，则由其法定代理人代理诉讼。当精神病人作为原告提起离婚诉讼，如果由法定代理人代为诉讼，必须符合一定条件才能提起，以防止法定代理人滥用代理权。其一，精神病人主动提出离婚，或者对此不表示反对。其二，婚姻另一方必须有不履行婚姻义务或者侵害精神病人的行为，否则法定代理人不能主动代理精神病人提起离婚之诉。

最后，离婚诉讼中应对精神病人予以特殊照顾，以维系其以后的正常生活。精神病人有权要求另一方给予经济帮助，经济帮助的方式包括，精神病人一方分得更多财产以应付疾病治疗和生活费用，或获得房屋的所有权或居住权以使其居有定所，或在另一方当事人有能力的情况下判决其在精神病人无法自食其力前一次性给付或分期支付一定款项，用于对其物质和经济上的帮助和支持等。

4. 协议离婚，新增"离婚冷静期"，如何计算？

一、案例场景回放

志文和柔嘉是大学同班同学，恋情开花结果，毕业后两人顺理成章地进入了婚姻的殿堂。婚后，双方因工作原因长期分居两地，家庭琐事又引发婆媳矛盾，不断的争吵使两人的感情彻底破裂。柔嘉认为，两人尚未生育，没有孩子牵扯，索性一拍两散，各生欢喜，重新开始各自的新生活。经与志文商议，准备协议离婚，听说《民法典》实施后，现在离婚要等满一个月的冷静期，柔嘉想问，是不是待冷静期届满后就可以离婚了？

二、法律条文解析

《民法典》中涉及协议离婚情形的，有以下条款规范。

第一千零七十六条规定："夫妻双方自愿离婚的，应当签订书面离婚协议，并亲自到婚姻登记机关申请离婚登记。离婚协议应当载明双方自愿离婚的意思表示和对子女抚养、财产以及债务处理等事项协商一致的意见。"

第一千零七十七条规定："自婚姻登记机关收到离婚登记申请之日起三十日内，任何一方不愿意离婚的，可以向婚姻登记机关撤回离婚登记申请。前款规定期限届满后三十日内，双方应当亲自到婚姻登记机关申请发给离婚证；未申请的，视为撤回离婚登记申请。"

第一千零七十八条规定:"婚姻登记机关查明双方确实是自愿离婚,并已经对子女抚养、财产以及债务处理等事项协商一致的,予以登记,发给离婚证。"

其中,第一千零七十七条是《民法典》新增的条文,对登记离婚附加了时间限制,就是通常所说的"离婚冷静期"。离婚冷静期,是指在坚持离婚自由原则下,为避免当事人轻率离婚,而在离婚程序中设置的夫妻任何一方都可在婚姻登记机关收到离婚申请后一定时间内撤回申请,以终结登记离婚程序的冷静思考期间。

自《民法典》生效后,协议离婚的程序与以前协议离婚的"一次亲自,当日可办"有所不同。具体来说,现在申请离婚要去两次民政局,第一次是去民政局提交离婚申请,民政局初审后,对符合条件的发给《离婚登记申请受理回执单》,开始计算30天的"冷静期"。冷静期内,任何一方反悔的,可以到民政局撤回申请。等30天的离婚冷静期届满后,双方需要在第二个30天内再去一次民政局,申请发放离婚证。民政局经审查,对符合条件的,予以登记、发给离婚证。冷静期期满后在第二个30天内未能提出申请的,视为撤回离婚申请。协议离婚办理流程如图4-1所示。

需要说明的是,《民法典》第一千零七十七条中规定了两个"三十日",但这两个"三十日"的效力并不相同。第一个三十日是不变期间,即婚姻登记部门在收到离婚登记申请之日后三十日内不会办理离婚登记,任何一方在此期间向婚姻登记部门撤回离婚登记申请的,当次离婚登记程序终结。如双方均未向婚姻登记部门撤回离婚登记申请的,则离婚程序进入第二个三十日。第二个三十日是可变期间,双方可以在第二个三十日(期限届满的最后一日是节假日的,以节假日后的第一日为期限届满的日期)内的任何一个工作日共同向婚姻登记部门申请发给离婚证。如果双方未在第二个三十日内向婚姻登记部门申请发给离婚证,则视为撤回离婚登记申请,当次离婚登记程序终结。

图 4-1 协议离婚办理流程

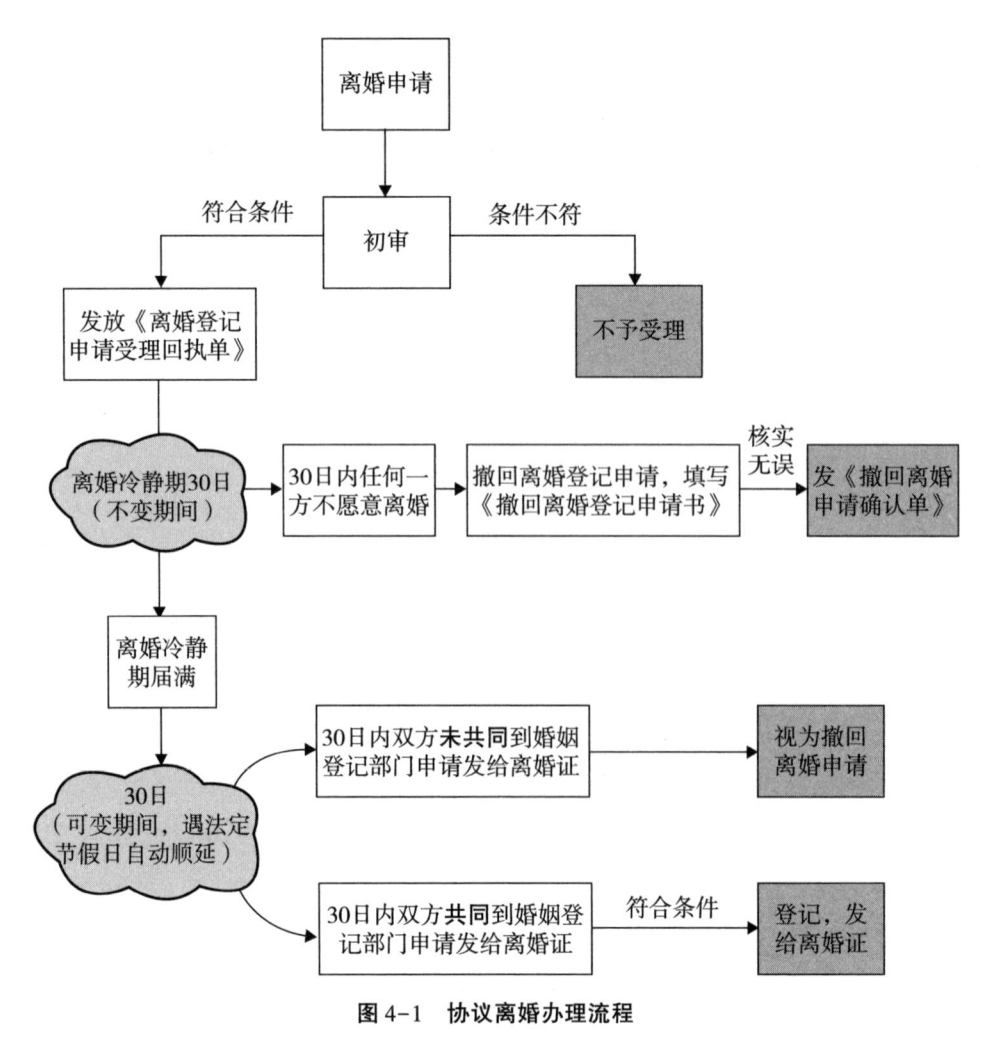

本案中，柔嘉和志文已商定采用协议离婚，两人必须共同去婚姻登记部门办理两次有关申请手续，最短的离婚时间为三十一天，最长的时间则需要六十天。

三、律师建议与提醒

《民法典》新增的离婚冷静期是为了避免人们轻率离婚、维护婚姻家庭稳定而设立的制度。因为离婚不仅是解除双方的婚姻关系，它还可能涉及未成年子女抚养、老人赡养以及家庭的财产分割、债务承担等问题。冷静期设置为三十天，可以让当事人再次慎重地审视婚姻生活，谨慎行使权利，对保护家庭关系、维护家庭稳定起到了重要的缓冲作用。

  需要提醒的是，离婚冷静期只适用于协议离婚，并不适用于诉讼离婚程序。按照《民法典》的规定，离婚方式有两种，一是协议离婚，二是诉讼离婚。当双方达不成一致意见协议离婚的情形下，或者一方存在家暴、遗弃的情形，另一方可以选择诉讼方式离婚，这时候便不需要等满三十天的冷静期。

5. 离婚后前夫余情未了，微信频繁"示爱"，是否侵犯了前妻隐私权？

一、案例场景回放

贾先生和郑女士于 2015 年登记结婚，婚后育有一子贾某。2020 年，两人协议离婚，在《离婚协议书》中约定："儿子贾某由郑女士抚养，随郑女士生活，在不影响孩子学习和生活的情况下，贾先生可随时探望孩子。"

2021 年，郑女士再婚。贾先生自前妻再婚后不断以探望孩子为由，对郑女士及其再婚配偶进行骚扰。先是不分昼夜地频繁发送微信文字或者语音给郑女士，如"爱你""想你"等内容；或者是短信，如"最爱、最惦记的人还是你，我想和你再续前缘"等。一天近百条的信息扰乱了郑女士的正常生活，郑女士要求贾先生停止发送类似信息。之后，贾先生的情绪变得越来越极端，开始辱骂郑女士的现任配偶，发送带有死亡信息的内容，并且威胁要将郑女士私生活方面的信息发布到其公司工作群里，给郑女士造成极大的心理压力。在郑女士拉黑了贾先生的微信后，贾先生转用邮件继续"轰炸"，并以不将儿子送回为由逼迫郑女士与其见面，强行要求郑女士重新加上微信，然后继续纠缠郑女士。

郑女士不堪其扰，诉至法院，要求判令贾先生停止以电话、短信及即时通讯工具的方式侵扰自己的生活安宁，同时要求其赔偿精神损害抚慰金 10000 元。

庭审中，贾先生辩解，自己起初以为郑女士仍是单身，对她旧情未了，想与之复婚；平时不断联系郑女士是为了去看望自己的孩子，但郑女士以诸多理由故意拖延、阻碍、拒绝；后辱骂郑女士的现任配偶，是因为其现任配偶阻碍自己去看望孩子，破坏两人之间的亲子关系，并表示自己不存在自杀倾向，也没有加害郑女士的意图。贾先生认为，自己作为父亲，享有对孩子正常的探视权，根据离婚协议，郑女士亦有协助的义务，因此贾先生不同意郑女士的诉讼请求。

法院经审理后认为，自然人享有隐私权，任何组织或者个人不得以刺探、侵扰、泄露、公开等方式侵害他人的隐私权。除法律另有规定或者权利人明确同意外，任何组织或者个人不得以电话、短信、即时通讯工具、电子邮件、传单等方式侵扰他人的私人生活安宁，或以其他方式侵害他人的隐私权。私人生活安宁，是指自然人的生活安宁和宁静的权利，自然人有权排斥他人对其正常生活的骚扰。本案中，贾先生称，因郑女士阻碍其探视孩子，所以才给郑女士频繁发送微信。法院认为，贾先生与郑女士原系夫妻，离婚后，双方对子女仍有抚养、教育、保护的权利和义务。贾先生探视孩子应在合理的限度之内，而非不分时间、不分内容频繁发送信息，干扰他人生活。比如，郑女士、贾先生因子女抚养、教育、探视等问题产生纠纷，应通过正当、合法的途径予以解决，干扰他人正常生活，不仅不能解决纠纷，还会激化矛盾，亦不利于子女的健康成长。贾先生给郑女士发送微信的时间经常在深夜，且发送内容不仅仅局限于交流孩子问题，且贾先生不能提供证据证明其频繁发送微信的行为经过郑女士同意，因此判定贾先生的行为侵扰了郑女士的正常生活，构成对郑女士隐私权的侵害。郑女士要求贾先生停止侵害之请求，符合法律规定，法院予以支持。郑女士的第二条诉讼请求，要求赔偿精神损害抚慰金10000元，法院认为该项请求数额过高，不予支持。贾先生的侵权行为对郑女士的身心及生活造成了一定伤害和影响，根据本案侵权人的过错程度、侵权行为的具体情节、损害后果、影响范围等因素，法院最后酌情确定贾先生赔偿郑女士精神损害抚慰金3000元。

二、法律条文解析

《民法典》第一百一十条第一款规定:"自然人享有生命权、身体权、健康权、姓名权、肖像权、名誉权、荣誉权、隐私权、婚姻自主权等权利。"

第九百九十五条规定:"人格权受到侵害的,受害人有权依照本法和其他法律的规定请求行为人承担民事责任。受害人的停止侵害、排除妨碍、消除危险、消除影响、恢复名誉、赔礼道歉请求权,不适用诉讼时效的规定。"

第一千零三十二条规定:"自然人享有隐私权。任何组织或者个人不得以刺探、侵扰、泄露、公开等方式侵害他人的隐私权。隐私是自然人的私人生活安宁和不愿为他人知晓的私密空间、私密活动、私密信息。"

第一千零三十三条规定:"除法律另有规定或者权利人明确同意外,任何组织或者个人不得实施下列行为:(一)以电话、短信、即时通讯工具、电子邮件、传单等方式侵扰他人的私人生活安宁;(二)进入、拍摄、窥视他人的住宅、宾馆房间等私密空间;(三)拍摄、窥视、窃听、公开他人的私密活动;(四)拍摄、窥视他人身体的私密部位;(五)处理他人的私密信息;(六)以其他方式侵害他人的隐私权。"

第一千一百八十三条第一款规定:"侵害自然人人身权益造成严重精神损害的,被侵权人有权请求精神损害赔偿。"

综合上述条款可以清晰地看到,《民法典》对公民个人名誉、个人隐私、个人信息保护以及对精神损害赔偿的适用均作出了明确、详细的规定。本案中,贾先生的行为侵害了郑女士隐私权,除了停止侵害行为,还要承担相应的赔偿责任。

三、律师建议与提醒

《民法典》在第四编人格权中，通过专章的形式对个人信息及隐私权进行了立法保护，突破了《民法总则》（已失效）和《网络安全法》等法律的规定，初步构建了个人信息及隐私权立法保护的框架。

如本案例所述，私人生活安宁成为隐私权的重要内涵之一。生活中，我们每个人都有可能受到电话推销、网络诈骗、人肉搜索等事件的侵扰，《民法典》明确了隐私权的保护范围，规制了电话推销、发送垃圾邮件、宾馆偷拍、厕所偷窥、买卖公民信息等一系列侵权行为，并以兜底条款的方式规制了以其他方式侵害他人的隐私权的行为。建议当遇到侵害隐私权和个人信息权益的事件发生时，采取录音、拍摄等方式进行取证，及时报告有关管理机关，通过法律手段维护自身权益。

6. 养育多年的孩子竟然不是亲生的，当事人能向配偶索赔吗？

一、案例场景回放

2018年，杜先生在一次相亲活动中认识了邵女士，年近四十的杜先生对青春妙龄的邵女士一见倾心，两人关系发展迅速。数月后，邵女士怀孕，杜先生喜出望外，年底奉子成婚。2019年6月，邵女士产下一子小杜。杜先生中年得子，对母子两人宠爱有加，不仅给邵女士安排了高级的月子中心（支出费用5万元），而且每月雇保姆专职照顾孩子（月支出6000元）。2021年3月，杜先生发现邵女士出轨黄先生，经查邵女士脚踏两条船，在与杜先生相亲前已与黄先生交往，两人之间的不正当关系持续了三年之久。杜先生随即委托司法鉴定中心对小杜是否为其亲生儿子进行鉴定，鉴定意见排除杜先生为小杜的生物学父亲。2021年7月，杜先生与邵女士协议离婚，约定孩子由女方抚养，男方不支付抚养费，二人各自名下房产、车辆、银行存款归各自所有，无其他共同财产和共同债权债务。2021年9月，杜先生向法院提起诉讼，要求邵女士返还抚养费20万元，并赔偿精神损失5万元。

法院认为，杜先生非孩子的亲生父亲，依法对孩子没有抚养义务，但杜先生在婚姻关系存续期间，误以为孩子是亲生的而对其进行抚养，邵女士故意隐瞒儿子不是与杜先生所生的事实，使杜先生误视为亲生儿子予以抚养的行为构成了"欺诈性抚养"，给杜先生造成相应的财产损失和精神痛苦。邵女士对损害结果存在过错，侵害了原告的财产权益和人身权益，应承担相应的侵权责任。综合考虑抚养时间、孩子生活需要和当地实际生活水平以及抚养费用来源情况，酌定邵女士返还杜先生抚养费 12 万元。结合杜先生和邵女士实际共同生活时间、侵权所造成的损害后果程度、邵女士的主观过错程度、经济能力，酌定邵女士赔偿杜先生精神损失 1 万元。

二、法律条文解析

《民法典》第一百二十二条规定："因他人没有法律根据，取得不当利益，受损失的人有权请求其返还不当利益。"

第一千零四十三条规定："家庭应当树立优良家风，弘扬家庭美德，重视家庭文明建设。夫妻应当互相忠实，互相尊重，互相关爱；家庭成员应当敬老爱幼，互相帮助，维护平等、和睦、文明的婚姻家庭关系。"

第一千零九十一条规定："有下列情形之一，导致离婚的，无过错方有权请求损害赔偿：（一）重婚；（二）与他人同居；（三）实施家庭暴力；（四）虐待、遗弃家庭成员；（五）有其他重大过错。"

第一千一百八十三条规定："侵害自然人人身权益造成严重精神损害的，被侵权人有权请求精神损害赔偿。因故意或者重大过失侵害自然人具有人身意义的特定物造成严重精神损害的，被侵权人有权请求精神损害赔偿。"

《最高人民法院关于确定民事侵权精神损害赔偿责任若干问题的解释》第一条规定："因人身权益或者具有人身意义的特定物受到侵害，自然人或者其近亲属向人民法院提起诉讼请求精神损害赔偿的，人民法院应当依法予以受理。"

第五条规定："精神损害的赔偿数额根据以下因素确定：（一）侵权人的过错程度，但是法律另有规定的除外；（二）侵权行为的目的、方式、场合等具体情节；（三）侵权行为所造成的后果；（四）侵权人的获利情况；（五）侵权人承担责任的经济能力；（六）受理诉讼法院所在地的平均生活水平。"

本案中，杜先生抚养了非亲生儿子小杜，代替孩子的亲生父亲履行了法定的抚养义务，孩子的生父黄先生和生母邵女士无法律上的原因获利，依据《民法典》第一百二十二条之规定："因他人没有法律根据，取得不当利益，受损失的人有权请求其返还不当利益。"构成不当得利。

抚养未成年子女是父母的法定义务。《民法典》第一千零七十一条第二款规定，不直接抚养非婚生子女的生父或生母，应当负担子女的生活费和教育费，直至子女能独立生活为止。由此可见，非婚生子女的生活费和教育费等经济上的法定抚养义务仍然归属非婚生子女的生父或生母负担，而实际抚养者杜先生在法律上并无抚养义务。杜先生在得知事实真相后，有权追索以前所支付的抚养费。

邵女士与他人生育子女，并未将实际情况告诉丈夫杜先生，隐瞒实情，违背了《民法典》中关于夫妻应当互相忠实的规定，有违公序良俗。根据《民法典》第一千零九十一条之规定，邵女士对杜先生隐瞒孩子血缘的行为属于规定的"有其他重大过错"，构成欺诈性抚养。杜先生本来没有抚养义务，但在婚姻存续期间付出了抚养成本和感情，其作为无过错方，有权要求侵权者赔偿精神损失。

关于杜先生主张的精神损害抚慰金，该如何计算赔偿额度呢？根据《最高人民法院关于确定民事侵权精神损害赔偿责任若干问题的解释》第五条的规定，法院综合考虑了杜先生的抚养时间、邵女士的主观过错程度和实际生活水平，酌情作出相应判决。

三、律师建议与提醒

《民法典》婚姻家庭篇旨在维护家庭稳定和谐，保护在婚姻中处于相对弱势地位的妇女权益，但并不保护在道德上应当受到谴责的通奸行为。如果丈夫发现孩子不是自己亲生的，不仅可以追索婚姻关系存续期间所支付的抚养费，而且可以要求妻子支付一定金额的精神损害赔偿金。

　　值得注意的是，司法实践中精神损害赔偿金判定的数额通常不会特别高。本案中，杜先生要求邵女士赔偿5万元的精神抚慰金，但法院在综合考量欺诈抚养这一事实对杜先生造成的精神损害后果、邵女士的主观过错程度以及当地的经济发展水平等因素后，酌情将精神抚慰金的赔偿金额降低为1万元。

7. 父母在子女婚后出资买房，该房属于子女夫妻共同财产还是子女个人财产？

一、案例场景回放

黄女士与赵先生于 2010 年 10 月登记结婚，赵先生系再婚，赵先生与前妻的女儿赵小女与他们共同生活。赵先生的父亲赵老在建国路有一套私房，产权登记人为赵老。2012 年 3 月，赵老建国路的房屋被列入动迁户，认定安置人口为十人，其中在籍人口九人包括赵老和赵先生在内，黄女士因户口不在本市，被列为引进安置对象。根据动迁协议的约定，该户动迁共计获得动迁补偿款 800 万元，其中居住困难安置费 400 万元，居住困难安置对象包括赵老、赵先生、黄女士和赵小女在内共计十人。该户以 800 万元动迁款购买了八套房屋，其中三套登记在赵先生名下，其余五套用于安置赵老的其他子女。登记在赵先生名下的三套房屋分别是位于红梅路的两套小户型房屋以及位于白杨路的一套大户型房屋，红梅路两套房屋的购买价分别约为 60 万元和 70 万元，白杨路房屋的购买价为 120 万元。2015 年 2 月和 6 月，赵先生将位于红梅路的两套房屋分别以 95 万元和 125 万元的价格卖掉，所得款项用于家庭开支和股市投资，白杨路的房屋则用于自住。

2020 年 2 月，黄女士向法院起诉离婚，要求分割红梅路两套房屋出售款，同时要求分割白杨路房屋，因诉讼期间赵先生将白杨路房屋以买卖的方式过户给了女儿赵小女，因此白杨路房屋在离婚案件中未处理。

在离婚案件中，法院认定红梅路两套房屋系夫妻共同财产，黄女士均有权分割，因此判决离婚同时，判决赵先生给付黄女士折价款90万元。

在离婚案件审理期间，黄女士同时向法院起诉，要求确认赵先生与赵小女之间的白杨路房屋买卖合同无效。法院经审理判决，白杨路房屋买卖合同无效，产权登记恢复至赵先生名下。

该判决生效后，黄女士随即起诉赵先生要求分割白杨路房屋，黄女士认为赵先生恶意转移夫妻共同财产，应当少分，白杨路房屋应归黄女士所有，黄女士支付白杨路房屋40%的折价款计240万元给赵先生。法院认为，白杨路房屋是因赵先生父亲赵老名下的建国路私房拆迁所得，该户被核定为居住困难户，被核定的户内十人每人获得40万元的拆迁安置费。赵先生认购并登记在其名下的三套房屋，认购总价远远超出了赵先生及黄女士、赵小女应获的拆迁利益，赵先生称超出部分房款系由赵老出资，而黄女士未能举证证明超出部分房款另有来源，故对赵先生该主张，法院予以采信。根据我国《婚姻法》（已废止）的相关规定，婚后一方父母出资为子女购买的不动产，产权登记在出资人子女名下，视为只对自己子女一方的赠与，故赵先生认购的三套房屋中由赵老出资的部分房款，系赵老对赵先生的赠与，该部分为赵先生的个人财产。黄女士与赵先生的离婚诉讼已对红梅路两套房屋出售款进行了分割，黄女士获得补偿款90万元，该款已考虑了黄女士所得的动迁安置40万元作为部分购房款及相应财产的增值部分，现黄女士再次诉讼要求分割白杨路房屋，显然其诉请已超出了其应得的动迁利益，故法院对该主张不予支持，2020年12月法院作出判决，驳回黄女士的诉讼请求。

需要注意的是，如果黄女士在2021年1月1日《民法典》实施之后提起诉讼，法院的判决结果将会不同。根据《民法典》及其司法解释，如果赵先生不能提供证明，对于与黄女士婚后由赵老部分出资购买的位于白杨路的房屋，赵老曾明确表示该出资是对儿子赵先生单方面的赠与，即使该房屋产权登记在赵先生名下，法院将推定位于白杨路的争议房屋属于夫妻共同财产，归赵先生与黄女士共同共有。

二、法律条文解析

《最高人民法院关于适用〈中华人民共和国婚姻法〉若干问题的解释（三）》（以下简称《婚姻法司法解释（三）》，现已失效）第七条第一款规定："婚后由一方父母出资为子女购买的不动产，产权登记在出资人子女名下的，可按照婚姻法第十八条第（三）项的规定，视为只对自己子女一方的赠与，该不动产应认定为夫妻一方的个人财产。"

本案的焦点实际上是位于白杨路的房屋到底是夫妻共同财产还是赵先生的个人财产的问题，如果是夫妻共同财产，黄女士有权分割，如果是赵先生的个人财产，则黄女士无权分割。建国路被拆迁的房屋属于私房，是赵先生的父亲赵老所有，拆迁时赵先生、黄女士基于户口或者引进户口获得的人头费，应该属于夫妻共同财产，以该部分款项购买的拆迁安置房屋，应该同样属于夫妻共同财产，所以法院认为黄女士有权分割红梅路两套房屋的出售款项。而除此之外的其他款项与黄女士和赵先生无关，属于赵老的个人财产，而赵先生名下的白杨路房屋购入款项来源于赵老赠与。根据《婚姻法》相关司法解释，婚后父母为己方子女出资购房，登记在己方子女名下，视为对己方子女个人赠与，属于己方子女个人财产。因此，赵老以自己的动迁款为儿子赵先生购房不应该作为夫妻共同财产认定，白杨路房屋应当属于赵先生的个人财产。

三、律师建议与提醒

特别提醒注意的是，本案中适用的《婚姻法司法解释（三）》于2011年8月13日起施行，但自2021年1月1日《民法典》生效后，《婚姻法》同时废止，《婚姻法司法解释（三）》失效，由新的司法解释替换。

《民法典》在婚姻家庭编中对哪些属于夫妻共同财产，哪些属于个人财产，作出了明确的界定。

《民法典》第一千零六十二条规定："夫妻在婚姻关系存续期间所得的下列财产，为夫妻的共同财产，归夫妻共同所有：（一）工资、奖金、劳务报酬；（二）生产、经营、投资的收益；（三）知识产权的收益；（四）继承或者受赠的财产，但是本法第一千零六十三条第三项规定的除外；（五）其他应当归共同所有的财产。夫妻对共同财产，有平等的处理权。"

第一千零六十三条规定："下列财产为夫妻一方的个人财产：（一）一方的婚前财产；（二）一方因受到人身损害获得的赔偿或者补偿；（三）遗嘱或者赠与合同中确定只归一方的财产；（四）一方专用的生活用品；（五）其他应当归一方的财产。"

2021年1月1日《民法典婚姻家庭编司法解释（一）》开始实施，其中第二十九条规定对父母给子女出资购房情形作出新的规范："当事人结婚前，父母为双方购置房屋出资的，该出资应当认定为对自己子女个人的赠与，但父母明确表示赠与双方的除外。当事人结婚后，父母为双方购置房屋出资的，依照约定处理；没有约定或者约定不明确的，按照民法典第一千零六十二条第一款第四项规定的原则处理。"

关于"当事人结婚前，父母为双方购置房屋出资的，该出资应当认定为对自己子女个人的赠与，但父母明确表示赠与双方的除外"这一点的规定和之前《婚姻法司法解释（三）》是一致的。但是，对于子女登记结婚后，父母出资如何认定则修改为"当事人结婚后，父母为双方购置房屋出资的，依照约定处理；没有约定或者约定不明确的，按照民法典第一千零六十二条第一款第四项规定的原则处理"，与原来《婚姻法司法解释（二）》之规定"当事人结婚后，父母为双方购置房屋出资的，该出资应当认定为对夫妻双方的赠与，但父母明确表示赠与一方的除外"，以及《婚姻法司法解释（三）》第七条第一款之规定"婚后由一方父母出资为子女购买的不动产，产权登记在出资人子女名下的，可按照婚姻法第十八条第（三）项的规定，视为只对自己子女一方的赠与，该不动产应认定为夫妻一方的个人财产"有着明显的差别。也就是说，《民法典》和其司法解释实施后，子女婚后买房，父母出资的，没有约定或约定不明确的，无论是全额出资还是部分出资，无论是登记在一方名下还是双方名下，都优先推定为夫妻共同财产，归夫妻共同共有。

由父母出资买房，如何认定财产归属，见表4-1和表4-2。

表4-1 婚前父母出资买房的财产归属认定

出资人	房屋登记	司法实践
一方父母全资出资	登记在出资方子女名下	认定为产权登记方婚前个人财产。
一方父母支付房屋首付款	登记在出资方子女名下	由夫妻二人共同还贷，离婚时一般将房产判归产权登记方所有，由该方支付剩余贷款。对婚内夫妻双方共同还贷（包括本金与利息）及房屋增值部分，由产权登记方对另一方进行补偿。
	登记在另一方子女名下	一般认定为夫妻共同财产。父母明确表示赠与登记方或夫妻双方或者有其他相反约定的除外。
	登记在双方子女名下	认定为夫妻共同财产。若双方约定了共有方式及各自份额，则按照双方约定享有房屋产权。若双方对共有方式未进行约定，视为等份共有。
双方父母均出资	登记在一方子女名下或双方子女名下	应认定为夫妻共同财产。父母的出资应认定为对各自子女的赠与。

表4-2 婚后父母出资买房的财产归属认定

出资人	房屋登记	司法实践
一方父母全资出资	登记在出资方子女名下	有协议约定的，按照约定；没有约定或约定不明的，推定为对夫妻双方的赠与。
	登记在对方子女名下或双方子女名下	一般认定为夫妻共同财产，但协议明确约定赠与一方的除外。
一方父母部分出资（或支付首付款），夫妻双方共同还贷	登记在出资方子女名下或双方子女名下	认定为夫妻共同财产，父母出资部分视为对对方子女的赠与，但有协议明确约定赠与一方的除外。

续表

出资人	房屋登记	司法实践
双方父母均出资	登记在一方子女名下	按照夫妻共同财产处理。但当事人另有约定的除外。
	登记在双方子女名下	认定为夫妻共同财产，但当事人另有约定的除外。

本案例中，如果黄女士是在 2021 年 1 月 1 日《民法典》实施之后提起诉讼，根据《民法典婚姻家庭编司法解释（一）》第二十九条之规定，法院的判决结果将会完全不同。

如果父母在子女婚后出资买房，建议父母、子女和子女的配偶签订书面协议，明确约定父母出资的性质是借款还是赠与。如果是赠与，要约定明确是只赠与子女，还是赠与子女及其配偶。如果是借款，还要约定清楚利息和还款期限等具体事项。

8. 母亲病故，父亲再婚，父亲伙同继母卖掉孩子名下房产，孩子该如何维护自己的权益？

一、案例场景回放

小柯的母亲在小柯童年时因病去世，小柯一直与父亲柯父共同生活。2016年，柯家老宅拆迁，父子两人共同分得一套房屋，柯父和小柯各占50%的房屋份额。2017年，柯父再婚，继母搬入柯家与小柯父子共同生活。2021年，柯父趁着小柯尚未成年，以小柯监护人的身份，代小柯与他人签订房屋买卖合同，并办理了房屋所有权变更登记手续。随后，柯父和继母用300万元售房款重新购置了一套房产，但该房产并无小柯的份额，只有柯父和小柯继母的份额。小柯得知此事后非常气愤，一纸诉状将父亲告上了法庭。

法院经审理后作出判决，小柯对案涉房产享有50%的份额，柯父应当根据小柯的诉讼请求向其返还卖房所得款的50%，共计150万元。

二、法律条文解析

1. 未成年子女的房产，父母有权变卖吗？

《民法典》第三十五条第一款和第二款规定："监护人应当按照最有利于被监护人的原则履行监护职责。监护人除为维护被监护人利益外，不得处分被监护人的财产。未成年人的监护人履行监护职责，在作出与被监护人利益有关的决定时，应当根据被监护人的年龄和智力状况，尊重被监护人的真实意愿。"

《未成年人保护法》第十六条规定："未成年人的父母或者其他监护人应当履行下列监护职责：（一）为未成年人提供生活、健康、安全等方面的保障；（二）关注未成年人的生理、心理状况和情感需求；（三）教育和引导未成年人遵纪守法、勤俭节约，养成良好的思想品德和行为习惯；（四）对未成年人进行安全教育，提高未成年人的自我保护意识和能力；（五）尊重未成年人受教育的权利，保障适龄未成年人依法接受并完成义务教育；（六）保障未成年人休息、娱乐和体育锻炼的时间，引导未成年人进行有益身心健康的活动；（七）妥善管理和保护未成年人的财产；（八）依法代理未成年人实施民事法律行为；（九）预防和制止未成年人的不良行为和违法犯罪行为，并进行合理管教；（十）其他应当履行的监护职责。"

第十九条规定："未成年人的父母或者其他监护人应当根据未成年人的年龄和智力发展状况，在作出与未成年人权益有关的决定前，听取未成年人的意见，充分考虑其真实意愿。"

第一百零八条规定："未成年人的父母或者其他监护人不依法履行监护职责或者严重侵犯被监护的未成年人合法权益的，人民法院可以根据有关人员或者单位的申请，依法作出人身安全保护令或者撤销监护人资格。被撤销监护人资格的父母或者其他监护人应当依法继续负担抚养费用。"

综上，根据《民法典》和《未成年人保护法》的相关规定，监护人可以代理被监护人实施民事法律行为，保护被监护人的人身权利、财产权利以及其他合法权益。但是法律也同时规定，监护人除为维护被监护人利益外，不得处分被监护人的财产。监护人侵犯被监护人合法权益的，应当承担法律责任。未成年人的父母不得违法处分、侵吞未成年人的财产。如果父母侵吞未成年人的财产、侵犯未成年人合法权益，则由其居住地的居民委员会或村民委员会予以劝诫、制止；情节严重的，居民委员会、村民委员会应当及时向公安机关报告。

本案中，柯父作为小柯的法定监护人，有权为了小柯的利益代理其实施一定的法律行为。但是，柯父擅自卖掉小柯享有份额的房产，明显不是为了维护小柯的利益，侵犯了小柯的合法权益，所以应当返还小柯名下房产份额对应的价款。

2. 房产在未成年人不知情的情况下变卖后，是否能申请确认房屋买卖合同无效？

《民法典》第三百一十一条规定："无处分权人将不动产或者动产转让给受让人的，所有权人有权追回；除法律另有规定外，符合下列情形的，受让人取得该不动产或者动产的所有权：（一）受让人受让该不动产或者动产时是善意；（二）以合理的价格转让；（三）转让的不动产或者动产依照法律规定应当登记的已经登记，不需要登记的已经交付给受让人。受让人依据前款规定取得不动产或者动产的所有权的，原所有权人有权向无处分权人请求损害赔偿。当事人善意取得其他物权的，参照适用前两款规定。"

柯父瞒着小柯将房屋卖给第三人，小柯是否可以要求法院主张该项房屋买卖合同无效，并将该房产更名回到自己的名下呢？根据《民法典》中"善意取得"制度，房产已经转卖，购买人是善意第三人，并已完成产权登记手续，取得所有权，房子本身没办法追回，但小柯可以作为债权人，向柯父收回这笔卖房款的50%的份额。

三、律师建议与提醒

法院最后判决，柯父赔偿小柯房屋出售款150万元，但是小柯尚未成年，柯父依然是小柯的法定监护人，为了避免再次遭受父亲和继母的"暗算"，小柯该如何妥善保管这笔财产呢？建议小柯联系第三方如公证机构做提存监督，当小柯需要用钱的时候可以支配。

如果小柯与父亲重新建立起信任关系，也可以小柯的名义和父亲共同开立银行账户，用银行密码或转款凭证等方法进行款项开支的监管制约。

实践中还有这类常见的情况，一些父母在离婚时会将房产赠与未成年子女，但未及时过户至子女名下，或因有贷款未还清无法过户至子女名下，这对于未成年的子女来说，存在不可控的法律风险。为保护未成年子女的财产权益，律师特别提醒：父母赠与子女的房产，遇到债权人申请查封或执行时，未成年子女可以通过提起案外人执行异议之诉的方式来维护自己的合法权益。

五、租房买房居家篇

1. 租赁房被法拍，新房东要求解除原租赁合同，房客能采用"买卖不破租赁"原则抗辩吗？

一、案例场景回放

2019年3月1日，房东裴先生（甲方）与房客胡小姐（乙方）签订了《房屋租赁合同》，约定甲方将位于花园路的房屋出租给乙方居住使用。租赁期限自2019年3月1日起至2024年3月1日止。房屋月租金为4000元，按三个月为一期支付，每期租金支付至甲方指定银行账户。押金为4000元。违约责任是，如任何一方未按合同约定履行，本合同另有特别约定相关责任的，从其约定。本合同没有特别约定相关责任的，经另一方书面催告后仍不履行的，其行为视为根本性违约，守约方有权单方面解除本合同，且违约方需支付守约方违约金，违约金数额为100000元。合同上还有手写部分作为附加约定条款：1. 甲方同意乙方装修，但不破坏承重墙。2. 甲方同意乙方转租。合同签订后，胡小姐依约向裴先生支付了租金，并对承租房屋重新装修后转租给他人。

2021年1月，张先生通过司法拍卖程序购买了位于花园路原属裴先生的这套房屋。3月，法院出具房屋过户裁定。6月5日，张先生取得该套房屋产权证书。6月10日，张先生将房屋的产权证（新）发送给胡小姐，要求胡小姐提供承租房屋的租赁合同，两人协商就原《房屋租赁合同》签订补充协议，但协商未果。其间，张先生向城管部门举报该房屋存在群租行为，城管部门多次上门检查后确认举报不实。7月15日，胡小姐准备支付当期租金，要求张先生提供收款卡号。双方对支付租金的起算时间产生争议，胡小姐认为在2021年5月1日已向原房东裴先生账户支付了12000元，支付的是2021年5月1日至8月1日的租金。7月25日，张先生向法院提交起诉状，要求：1. 解除花园路房屋租赁合同。2. 胡小姐搬离该套房屋。3. 胡小姐支付自2021年3月起至实际返还房屋之日止的租金及房屋占有使用费，以每月4000元为计算标准。

法院经审理后认为，原产权人裴先生与胡小姐签订的《房屋租赁合同》，合同内容意思表示真实，没有违反法律强制性规定，合法有效。张先生通过拍卖取得了该套房屋产权，依照"买卖不破租赁"原则，其应当履行合同出租方的权利义务。张先生以胡小姐存在欠付租金，以及未合法使用房屋（群租）为由请求解除合同。法院认为，租赁合同中约定每三个月支付一期租金，胡小姐依照合同约定于2021年5月1日向原产权人裴先生支付了当期租金。虽然相关法院曾在3月出具过执行裁定书，确认花园路房屋产权归张先生所有，但房屋的产权直至6月5日才登记至张先生名下。张先生与胡小姐在6月10日才取得联系，张先生亦无其他证据证明胡小姐在5月1日支付租金之前已知晓房屋产权变更的具体信息，故胡小姐的付款行为不存在恶意。倘若张先生认为原产权人实际收取了本应属于张先生的租金，应另行向原产权人裴先生主张相关权益。目前，该房屋并无被相关部门认定有群租或违规使用的情况，租赁合同仍可继续履行。另外，胡小姐表示同意支付张先生2021年8月1日起的当期租金，予以准许。最后，法院驳回了张先生的全部诉讼请求，判决胡小姐向张先生支付2021年8月1日至11月1日的租金12000元。

二、法律条文解析

《最高人民法院关于适用〈中华人民共和国民法典〉时间效力的若干规定》第二十条规定："民法典施行前成立的合同，依照法律规定或者当事人约定该合同的履行持续至民法典施行后，因民法典施行前履行合同发生争议的,适用当时的法律、司法解释的规定;因民法典施行后履行合同发生争议的,适用民法典第三编第四章和第五章的相关规定。"

《合同法》(现已失效)第八条规定:"依法成立的合同,对当事人具有法律约束力。当事人应当按照约定履行自己的义务,不得擅自变更或者解除合同。依法成立的合同,受法律保护。"

《民法典》第七百二十五条规定:"租赁物在承租人按照租赁合同占有期限内发生所有权变动的,不影响租赁合同的效力。"

《最高人民法院关于适用〈中华人民共和国民法典〉时间效力的若干规定》第二十条的规定,遵循的是"不溯及既往原则",以法律行为与法律事实是发生在《民法典》施行前还是施行后来确定是适用《民法典》实施前的法律、司法解释,还是适用《民法典》的规定。

本案中的《租赁合同》依然有效且履行期限尚未届满,根据法律规定,房屋产权的变更不应侵犯变更之前签订合同的承租人的合法权益。

《民法典》第七百二十五条规定了"买卖不破租赁"原则,目的在于保护既有承租人对租赁物的占有、使用和收益状态,避免因物权变更导致租赁关系的不稳定。根据该条款,在租赁关系存续期间,即使房屋所有人将房屋让与他人,对合法的租赁关系也不产生任何的影响,新的房屋所有人不能以其已成为房屋的所有人为由,要求承租人返还房屋,不仅如此,合法转租合同的内容与效力也不受影响。

三、律师建议与提醒

"买卖不破租赁"是《民法典》对于房客的一种保护措施。需要注意的是,主张适用该条款时要符合以下条件。首先,房屋租赁合同合法有效。其次,出租人已经将租赁房屋交付给承租人,承租人按照合同约定合法有效地占有房屋。最后,当事人是因为买卖、互易、赠与、投资、抵押权实现、继承、企业合并等原因,使租赁房屋的所有权发生变动的。

"买卖不破租赁"不是放之四海而皆准的原则,下面这三种情况就不适用"买卖不破租赁"原则。第一,租赁的房屋因被没收、征收发生所有权变动。第二,先抵押后出租,抵押权已经登记,适用买卖不破租赁原则将妨害抵押权实现的。第三,房屋在出租前已被人民法院依法查封的。

在租房时,房客不但需要知道"买卖不破租赁"原则,同样需要了解"抵押权优先承租权"原则。在实际生活中,房客有时还会遇到这样的情况,房东(房屋所有人)把房屋抵押给第三方,当房东到期无法偿还债务时,债权人往往会行使抵押权,有的债权人会让房客搬出房屋,不再向其租赁。如果该套房屋是先抵押后出租的,按照"抵押权优先承租权"原则,作为房屋新产权人的第三方不受原租赁合同的约束。如果新房东不愿履行原租赁合同的,这时房客不得以租赁关系的存在来对抗新房东。因此,建议房客在租房时要问清楚租赁房是否设置了抵押权。

2. 交了房租后发现出租房内甲醛超标，房客可以要求退租金吗？

一、案例场景回放

2021年11月18日，范女士和毛先生通过网上租房平台以电子形式签署了一份《房屋租赁合同》，约定范女士向毛先生承租坐落于建国路某号的房屋，租期自2021年11月20日起至2022年11月19日止，每月租金5000元，租赁保证金5000元。合同中第2.1条约定，毛先生承诺租赁房屋能够用于出租并满足必要的住宿条件；第5.1条约定，租赁关系终止时，租赁保证金除用于冲抵合同约定由范女士承担的费用外，剩余部分归还范女士；第9.2条约定，毛先生交付的房屋存在缺陷，危及范女士安全的情况下，范女士有权解除合同，并要求毛先生承担违约责任；第10.6条约定，合同终止后，若毛先生无正当理由拒绝退还全额或者部分金额的租赁保证金的，视为其根本违约，除应返还租赁保证金外，还应按照一个月租金的标准向范女士支付违约金。合同签订后，范女士依照约定的支付方式向网上租房平台支付了租赁保证金及两个月的租金，共计15000元。网上租房平台根据与毛先生的分成约定扣除平台分成的3000元后，转给毛先生12000元。

11月19日，范女士接收租赁房屋，感觉房屋气味较重，微信联系毛先生希望退房，毛先生告知只能转租，无法退租，拒绝了范女士退租退费的要求。范女士委托专业检测公司于12月1日对租赁房屋的空气质量进行了检测采样,并支付检测费400元。12月6日,检测公司出具检测报告,结果显示租赁房屋内甲醛和总挥发性有机化合物(TVOC)两项指标超标。范女士当即将报告结果通过微信发给毛先生,要求毛先生返还租金及保证金15000元,检测费400元及违约金5000元。毛先生则认为,甲醛检测时其不在现场,对该检测报告不认可。且他为了配合范女士按照合同转租条款进行转租,直到2022年2月才将房屋再次出租,这几个月内房屋空置,这笔损失应由范女士承担,所以只同意退回范女士租赁保证金5000元。双方争执无果,诉至法院。

法院经审理后认为,这是一起房屋租赁合同纠纷。范女士和毛先生签订的《房屋租赁合同》系当事人的真实意思表示,且不存在无效情形,故该合同依法成立并生效。当事人应当依照合同约定及法律规定履行自己的合同义务,范女士作为承租人,依照合同约定的方式和金额向毛先生支付了租金及租赁保证金,毛先生应当向范女士提供符合健康标准并适于居住的租赁房屋。但检测报告显示,租赁房屋内甲醛等有害物质超标,毛先生在庭审中对检测结果持有异议,然在案证据反映毛先生初始和范女士沟通时并未否认房屋空气质量问题,而是责怪范女士未告知自己对空气质量有要求,且毛先生并未针对范女士提交的空气质量报告提出反证,故本院对毛先生主张甲醛并未超标的抗辩不予采信,其未能提供符合安全居住标准房屋的行为构成违约,并符合双方合同第9.2条约定的解除权行使条件,范女士有权据此向毛先生主张解除合同。

关于合同解除的时间,范女士认为,应为11月19日她向毛先生提出退租的时间;毛先生则主张,应为2022年2月另行出租成功的时间。法院认为,范女士虽没有实际入住房屋,但其在12月1日安排检测公司进入租赁房屋进行空气采样,可以反映其在事实层面上依然并未脱离对该房屋的占有。法院认为,范女士于2021年12月6日将检测报告通过微信发给毛先生,代表了正式解除房屋的意思通知,合同应于该日解除。根据《民法典》的相关规定,合同解除后,尚未履行的,终止履行;已经履行的，根据履行情况和合同性质，当事人可以请求恢复原状或者采取其他补救措施，并有权请求赔偿损失。范女士签约后已向网上租房平台支付了两个月的租金和租赁保证金15000元，虽然平台扣除分成后只支付给毛先生12000元，但该分成系毛先生和平台之间的约定，范女士向平台付款的行为在《房屋租赁合同》下仍视为对毛先生的支付，因合同系由毛先生违约引发，故不存在扣留租赁保证金的约定或法定事由，租赁保证金5000元应当全额退还范女士。自租期开始至合同解除当日，共计17天，按照合同约定的月租金标准计算，发生的相应租金为2833元，扣除该金额后的剩余租金为7167元，范女士有权主张返还该笔款项。关于甲醛检测费，系范女士为处理涉案纠纷的合理支出，且毛先生的违约行为与该费用的发生有因果关系，因此法院予以支持。

范女士还主张，毛先生应向其支付违约金5000元，按照《房屋租赁合同》第10.6条约定，毛先生拒绝退还租赁保证金的情形下应当向范女士承担相当于一个月租金金额标准的违约金，但该约定系基于租赁合同正常终止的场合而设定，本案毛先生虽存在违约和未退还租赁保证金的行为，然基于庭审调查的情况，其行为系基于对合同条款及相应事实的错误理解所作出，加之范女士未能举证证明毛先生的行为致其遭受损失，所以法院对范女士的该项诉讼请求不予支持。

法院最后判决如下：1. 范女士与毛先生订立的《房屋租赁合同》于2021年12月6日解除。2. 毛先生返还范女士租金人民币7167元。3. 毛先生返还范女士租赁保证金人民币5000元。4. 毛先生向范女士支付甲醛检测费人民币400元。5. 驳回范女士的其他诉讼请求。

二、法律条文解析

《民法典》第一百四十二条规定："有相对人的意思表示的解释，应当按照所使用的词句，结合相关条款、行为的性质和目的、习惯以及诚信原则，确定意思表示的含义。无相对人的意思表示的解释，不能完全拘泥于所使用的词句，而应当结合相关条款、行为的性质和目的、习惯以及诚信原则，确定行为人的真实意思。"

第四百六十六条第一款规定："当事人对合同条款的理解有争议的，应当依据本法第一百四十二条第一款的规定，确定争议条款的含义。"

第五百六十二条第二款规定："当事人可以约定一方解除合同的事由。解除合同的事由发生时，解除权人可以解除合同。"

第五百六十六条第一款规定："合同解除后，尚未履行的，终止履行；已经履行的，根据履行情况和合同性质，当事人可以请求恢复原状或者采取其他补救措施，并有权请求赔偿损失。"

第七百三十一条规定："租赁物危及承租人的安全或者健康的，即使承租人订立合同时明知该租赁物质量不合格，承租人仍然可以随时解除合同。"

本案中，室内甲醛等污染物超标，属于可能危害人体健康的情形，因此承租人范女士可以要求解除租赁合同。对于承租人未使用期间的租金，出租人应无条件返还，但是对于承租人实际居住期间租金的返还需要依据空气质量不合格的程度、损害后果和居住时间进行综合考量。检测费用是承租人为了确认在合同履行期间房屋空气质量所必需发生的费用，应当由出租人承担。

根据《民法典》第七百三十一条之规定，瑕疵担保责任是租赁合同中出租人的重要义务。在租赁物存在危及承租人的人身安全或健康的质量瑕疵的情况下，出租人应对租赁物的质量瑕疵承担责任，承租人享有随时解除合同的权利。

三、律师建议与提醒

房屋的质量与人的健康息息相关，室内污染物超标的房屋不仅不符合居住使用条件，还会给身体健康带来一定的危害。承租人承租房屋后，如果对房屋空气质量存疑，建议及时向出租人提出空气质量异议，维护自身的合法权益。为避免产生争议，建议承租人与出租人共同指定检测机构进行检测并共同监督检测过程。如果出租人拒绝配合检测，承租人可自行委托专业正规机构进行检测，并以有效的形式通知出租人到场，同时保留相关沟通记录。

3. 出租房内设施不能正常使用，修理费应该由谁承担？房客能以此要求退租吗？

一、案例场景回放

2020年10月18日，马先生和朱先生通过中介签订《房屋租赁合同》，甲方马先生（出租方）和乙方朱先生（承租方）就租房一事约定如下。

1. 甲方坐落在富仁路某号房屋出租给乙方使用。

2. 出租时间从2020年10月20日起至2021年10月19日止。

3. 房屋租金为3000元/月，暂付六个月，合计人民币18000元。

4. 甲方应保证所出租房屋内的设施（主要是指水、电、有线电视、管道煤气等）能正常使用。若在乙方承租期间出现非人为损坏（如水管破裂、电线老化）而影响乙方使用，甲方应负责维修（家具、电器等损坏不包括在内）。

5. 乙方承租期间的水、电、电话、数字电视、管道煤气、物业管理等费用由乙方承担。

6. 甲方向乙方收取房内设施及水、电押金计人民币3000元。当乙方搬出时，在不拖欠各项费用和不损坏房内设施的情况下，甲方应将所收押金全额返还（注：乙方如损坏房内设施，包括家用电器，需照价赔偿）。

7. 乙方保证租赁的房产用于住宅的合法用途，如未经甲方书面同意擅自更改用途及乙方在承租房屋内有任何违法犯罪行为，由乙方自己承担。甲方不承担任何民事、刑事责任且有权终止合同。乙方中途退房，必须赔偿甲方一个月房屋租金作为违约金。乙方在租赁期内的人身及财产安全自行负责。

8. 若房租到期，乙方要续租，应提前一个月通知甲方，并预付下六个月房租。甲方若要收回出租房屋，也应在乙方承租期满前一个月内通知乙方。甲方中途收房，必须赔偿乙方一个月房屋租金作为违约金。在同等条件下，乙方有优先租房权。

9. 此协议如有一方违反，由违反方负一切责任。（若乙方违约，所付房租及押金甲方可以不退还；若甲方违约，就双倍退还乙方所付房租。）若有特殊情况，在双方同意的基础上可协商解决……

协议签订后，双方开始履行合同。

2020年12月下旬，朱先生电话联系马先生反映太阳能热水器不能用、客厅空调制热效果不好，要求维修。马先生请人过来修空调，但2021年2月又不能正常使用。朱先生认为，好多与日常生活息息相关的电器不能正常使用，影响到生活质量，要求退租。4月25日，双方办理房屋交接手续，马先生在交接单上载明：电费1100元，水费240元，煤气100元，物业费700元，合计2140元。再加上客厅空调修理费3800元，热水器修理费370元，共计6310元。朱先生对结算费用不予认可，马先生遂诉至法院请求判令：1. 朱先生支付水电费，空调、热水器修理费等6310元。2. 赔偿违约损失3000元。（以上合计9310元）

马先生在法庭上陈述，2020年10月，签约后交付给朱先生时出租房里面的空调、热水器等设备可以正常使用。2021年4月25日，办理房屋交接手续时，发现太阳能热水器、客厅空调已损坏，经双方协商修理费分别作价370元、3800元。另外，朱先生提前退租，应赔偿一个月的房租损失3000元。朱先生辩称，2020年10月，自己搬入承租房后立即出差到外地一个月，回来后发现热水器、客厅空调不能正常使用，通知马先生需要修理，但对方没有及时修理，导致自己生活质量下降，所以和马先生协商解除租房合同。在办理交接手续时对水、电、煤气、物业等结算费用2140元无异议,租房时已缴纳押金3000元,与应付水电物业等费用2140元相抵还有剩余。但太阳能热水器、客厅空调本来就不能正常使用,因此不同意承担该笔修理费用。

法院认为,双方订立的房屋租赁合同系双方的真实意思表示,且不违反相关法律规定,应属合法有效,对双方均具有约束力。在合同履行过程中,朱先生发现热水器、客厅空调等属于租赁物组成部分的设施不能正常使用,已与马先生沟通,出租方并未能及时履行维修义务并保证上述设备能正常使用,且设备的不能正常使用并非因承租人人为原因所致。根据《民法典》的相关规定,热水器、空调不能正常使用的维修义务应由出租人承担,故马先生要求朱先生承担热水器修理费、空调修理费的诉讼请求,缺乏事实和法律依据,不予支持。马先生主张朱先生支付水、电、煤气、物业等费用合计为2140元,朱先生对此无异议,同意缴纳,法院对该项诉讼请求,予以支持。出租房屋内的热水器、客厅空调不能正常使用,但并不足以导致合同目的不能达到,朱先生以此为理由提前解除合同,属明显违约,应按合同第7条的约定支付原告违约金3000元(一个月的房屋租金),马先生要求朱先生支付违约金3000元的诉讼请求,符合合同约定且不违反法律规定,法院予以支持。综上,朱先生应支付马先生水、电、煤气、物业等费用2140元,支付违约金3000元,合计5140元,马先生收取朱先生押金3000元应予以返还,两者相抵,朱先生应支付马先生2140元。

二、法律条文解析

《民法典》第五百六十二条规定:"当事人协商一致,可以解除合同。当事人可以约定一方解除合同的事由。解除合同的事由发生时,解除权人可以解除合同。"

第七百一十条规定:"承租人按照约定的方法或者根据租赁物的性质使用租赁物,致使租赁物受到损耗的,不承担赔偿责任。"

第七百一十一条规定："承租人未按照约定的方法或者未根据租赁物的性质使用租赁物，致使租赁物受到损失的，出租人可以解除合同并请求赔偿损失。"

第七百一十二条规定："出租人应当履行租赁物的维修义务，但是当事人另有约定的除外。"

第七百一十三条规定："承租人在租赁物需要维修时可以请求出租人在合理期限内维修。出租人未履行维修义务的，承租人可以自行维修，维修费用由出租人负担。因维修租赁物影响承租人使用的，应当相应减少租金或者延长租期。因承租人的过错致使租赁物需要维修的，出租人不承担前款规定的维修义务。"

根据《民法典》的规定，出租人除了有交付租赁物义务和适租义务，还有维修义务。出租人的维修义务，是指在租赁物出现不符合约定的使用状态时，出租人须对该租赁物进行修理和维护，以保证承租人能够正常使用该租赁物。本案中出租房内热水器和空调不能正常使用，并不是承租人朱先生的过错行为导致的，所以应由出租人马先生承担维修费用。

三、律师建议与提醒

需要说明的是，出租人有维修义务，但这义务并不是绝对的，也需具备一些条件。

第一，租赁物有维修的必要。租赁物已出现影响正常使用、发挥效用的情况，不进行维修就不能使用，出租人应对租赁物及时地进行维修，以保证其正常使用。

第二，有维修的可能。租赁物损坏后能够将其修好以恢复或达到损坏前的状态，如果租赁物已彻底损坏，没有修复的可能，出租人的维修义务就转化为承担一定的民事责任的义务，如减少租金等。

第三，有维修的正当理由。出租人的维修义务一般是在承租人按约定正常使用租赁物的情况下出现的租赁物的损耗或者是由租赁物的性质所要求的对租赁物的正常的维护，如果是因为承租人的保管使用不当，造成租赁物损坏时，出租人不负有维修的义务。

此外，需要注意的是，承租人应当协助出租人履行其维修义务。当租赁物出现质量问题时，承租人应及时通知出租人，以便能够得到及时的维修。当出租人对租赁物进行正常维修时，承租人不能拒绝出租人维修租赁物的要求，而应当积极配合出租人并为其提供必要的条件。当租赁物出现质量问题时，承租人如果有可能或在有条件的情况下，应当采取必要的措施防止租赁物进一步被损坏等。承租人的这些义务虽然法律上并没有规定，但根据诚实信用原则，这些附随义务也是承租人应当遵守的。

4. 二手房买卖中，前任买家不想履约，又把房子介绍给第二任买家，前任能收取其中的差价吗？

一、案例场景回放

2020年11月14日，张先生、李女士通过房屋中介公司居间介绍，签订了《房地产居间合同（买卖）》，约定张先生拟向李女士购买位于华东路×号×栋×室房屋，建筑面积60平方米，张先生愿意以990000元的总价购买该房屋。同日，张先生支付李女士定金50000元。11月25日，张先生与李女士签订《配套商品房买卖合同》，合同约定："李女士将坐落于华东路×号×栋×室的动迁配套商品房出卖给张先生，转让总价款为990000元。具体付款日期以及金额如下：张先生于2020年12月15日前支付房款150000元，2021年2月28日前支付590000元，2022年5月1日前支付250000元；李女士于2020年12月1日前交房给张先生，并向有关部门申请办理相关附属设施和相关权益的更名手续。"同日，张先生支付李女士房屋价款100000元。

之后，张先生表示不愿意购买该房屋，2021年1月25日，张先生与刘先生就位于华东路的该套房屋签订《房地产居间合同》，约定刘先生受让张先生华东路房屋，转让价款为1150000元。同时，李女士与刘先生就该套房屋买卖签订《房地产居间合同》，合同约定："李女士将该套房屋转让给刘先生，转让价款为1150000元。付款期限为2021年1月15日支付定金20000元及房款330000元，4月10日付房款700000元，尾款

100000元于过户完税后支付。房屋于2021年1月15日交付。"

当日，张先生通过银行转账方式支付李女士房屋价款355000元，李女士出具《情况说明》，载明："李女士于2021年4月10日收到刘先生房款700000元后，将房款640000元划给张先生，如若不转，李女士将负法律责任。因为此房款是张先生垫付的，另外张先生与李女士之间的《配套商品房买卖合同》作废。"

2021年4月4日，刘先生支付李女士房款700000元，同日李女士通过银行转账方式支付张先生共计535000元。张先生认为，李女士将房屋卖给自己，收取房款后又将房屋卖给刘先生，自己因此实际损失房屋差价160000元。李女士违反诚信原则，应承担双倍返还定金及支付差价损失的赔偿责任。

张先生诉至法院，要求判令：1. 张先生与李女士于2020年11月25日签订的《配套商品房买卖合同》于2021年7月20日解除。2. 李女士双倍返还张先生定金50000元（已扣除李女士返还张先生的50000元）。3. 李女士赔偿张先生差价损失160000元。李女士辩称，出卖华东路房屋时并不清楚张先生从事房屋中介行业，其购买房屋后又出卖给他人。现已退还张先生支付的全部购房款505000元并补偿了张先生辛苦费30000元。

法院经审理后认为，依法成立的合同对当事人具有法律约束力，当事人应当按照约定全面履行自己的义务。但当事人协商一致的，可以解除合同。张先生、李女士于2020年11月25日签订《配套商品房买卖合同》，约定张先生购买李女士位于华东路的房屋，但事后由于张先生违约，不愿意继续购买涉案房屋，双方间的买卖合同已无法履行。后经张先生介绍，2021年1月25日，李女士与案外人刘先生签订房屋买卖合同，李女士将房屋作价1150000元出售给刘先生，同时李女士出具情况说明，确认张先生、李女士间的合同作废。据此，法院认为，李女士的行为视为同意解除张先生、李女士间的房屋买卖合同。故法院认定，张先生、李女士于2020年11月25日签订的房屋买卖合同于2021年1月25

日予以解除。对于张先生主张的双倍返还定金 50000 元及房屋差价损失 160000 元，法院认为，首先，由于张先生的违约造成双方间的买卖合同无法履行，最终导致合同解除，按照相关法律规定，张先生无权要求双倍返还定金。其次，张先生作为买受人与李女士签订房屋买卖合同，合同中并未约定张先生有权取得房屋转让差价的权利。最后，张先生诉称已支付房款 640000 元，经查明，张先生共支付李女士定金及房款计 505000 元，李女士于 2021 年 4 月 4 日已返还张先生 535000 元。综上，张先生的上述诉请无事实和法律依据，法院不予支持。

二、法律条文解析

《民法典》第四百六十五条规定："依法成立的合同，受法律保护。依法成立的合同，仅对当事人具有法律约束力，但是法律另有规定的除外。"

第五百六十二条规定："当事人协商一致，可以解除合同。当事人可以约定一方解除合同的事由。解除合同的事由发生时，解除权人可以解除合同。"

第五百八十七条规定："债务人履行债务的，定金应当抵作价款或者收回。给付定金的一方不履行债务或者履行债务不符合约定，致使不能实现合同目的的，无权请求返还定金；收受定金的一方不履行债务或者履行债务不符合约定，致使不能实现合同目的的，应当双倍返还定金。"

本案中，张先生、李女士签订的《配套商品房买卖合同》合法有效，事后张先生表示不愿意继续购买，合同无法继续履行。后经张先生居间，该房屋由李女士出卖给刘先生，同时李女士出具《情况说明》，确认其与张先生之间的买卖合同作废。因此，可以认定张先生和李女士在 2020 年 11 月 25 日所签署的房屋买卖合同于 2021 年 1 月 25 日已经解除。因张先生违约造成买卖合同无法履行，最终导致合同解除，因此张先生无权要求双倍返还定金。

三、律师建议与提醒

本案中,张先生认为李女士一房两卖,违反合约,要求双倍返还定金,可见定金罚则已经成为大众的共识。

《民法典》第五百八十八条"当事人既约定违约金,又约定定金的,一方违约时,对方可以选择适用违约金或者定金条款。定金不足以弥补一方违约造成的损失的,对方可以请求赔偿超过定金数额的损失"的规定,进一步明晰了定金与违约金、损失赔偿的适用关系,不仅使权利义务的分配更加公平合理,而且降低了合同双方当事人的履约风险及成本,更具有实践可操作性。

5. 二手房交易为少交税签阴阳合同，房价上涨，卖家后悔，可以主张卖房合同无效吗？

一、案例场景回放

2020年12月22日，陈先生与方先生签订《房地产买卖居间协议》，约定陈先生将位于玫瑰园小区×号×室房屋出售给方先生，房屋总价505万元。协议上手写记载："该房成交价为505万元（卖方净到手），卖方配合买方做低合同价为449万元。"同时约定2021年1月20日前签订房地产买卖合同，2021年4月30日前完成交易过户。

2021年1月10日，卖方陈先生（甲方）与买方方先生（乙方）签订网上备案登记的《房屋买卖合同》，约定甲方向乙方出售上述房屋，房屋建筑面积为66平方米，房地产转让价款为449万元，甲乙双方确认在2021年4月30日之前，双方共同向房地产交易中心申请办理转让过户手续；乙方未按本合同付款协议约定期限付款的，应当向甲方支付违约金，违约金按总房价款日万分之二计算，违约金自本合同应付款期限之第二日起算至实际付款之日止，逾期超过15日后乙方仍未付款的，除乙方应向甲方支付15日的违约金外，甲方还有权单方解除合同，甲方单方解除合同的，应当书面通知乙方……甲方未按本合同约定的期限将上述房地产交付（包括房地产交接及房地产权利转移）给乙方，应当向乙方支付违约金，违约金按总房价款日万分之二计算，违约金自本合同约定的应当交付之日起至实际交付之日止……双方在补充条款中约定：1. 乙方购买该房屋时若需办理购房贷款，则应在产权交易过户前取得贷款银行的书面批准，办妥该房屋的购房贷款申请手续，甲方亦应配合乙方办理该房屋的购房贷款。2. 若乙方购房贷款银行审批的贷款额度不足乙方所申请的贷款额度，则乙方应于产权交易当日一次性用现金补足支付给甲方。3. 甲方于乙方付清全部房款后次日内腾出该房屋并通知乙方进行验收交接。4. 甲乙双方任何一方未按本买卖合同约定履行，则违约方必须向守约方每日赔偿总房价款万分之二的违约金，如逾期达15日，则违约方除应向守约方支付15日的违约金外，守约方还有权单方面解除本合同，守约方单方面解除本合同的，应书面通知违约方，违约方承担赔偿责任，赔偿金额为总房价款的20%……10. 甲乙双方在履行本合同过程中若发生争议，则双方应协商解决，两周内未达成协议的，双方均可向房屋所在地的人民法院起诉，败诉方应承担另一方由此而产生的调查费、差旅费（限起诉、调查、出庭时的来回车费）、律师费（不少于3000元），本条款独立于合同而存在，合同是否有效不影响其效力。附件三付款协议约定，本合同房屋成交总价款449万元，甲乙双方确认，乙方于2020年12月22日支付50万元作为定金；乙方于2021年1月10日前支付44万元作为首付款；乙方于2021年3月30日前支付131万元作为第二期房款；剩余房款224万元，乙方以银行发放贷款的方式支付给甲方，故乙方应于房地产交易中心办妥产权证及他项权证后两个工作日内，至房地产交易中心领取该房屋的产权证及他项权证，并于两个工作日内，将该房屋的他项权证原件送交购房贷款银行，贷款银行在收到乙方送交的该房屋他项权证原件后将已批准的该房屋乙方购房贷款一次性划入甲方账户……

当日，双方还签署补充协议一份，约定房屋转让价款变更为505万元，差额部分56万元，乙方应于2021年1月10日前支付；办理该房屋产权交易缴纳的税费均由乙方承担；该房屋中附有托管租约，甲方应于本合同约定的交房当日，将房屋的收益权转移给乙方享有。

2020年12月22日，方先生在签署《房地产买卖居间协议》后支付陈先生50万元。2021年1月10日，方先生在签署《房屋买卖合同》时分别支付陈先生44万元和56万元。此时，市场上房价猛然上涨，陈先生以种种理由拒绝履行合同。3月9日，方先生支付陈先生131万元，陈先生当日退还131万元。3月20日，方先生通过转账方式再次向陈先生账户支付131万元，并注明"第二期房款"。陈先生于3月28日将131万元退还，4月27日又退还50万元至方先生账户。

4月16日，方先生向陈先生发送函件，表示双方已签署《房屋买卖合同》，但自2021年2月中旬其通过中介公司多次向陈先生催促履行合同下一步手续，陈先生均以种种理由推托，拒绝配合办理贷款手续。3月26日，陈先生提出如果方先生能一次性全额付款，可以配合办理相关手续，方先生尽力筹措全款，满足了陈先生的条件，陈先生又以脑子有些混乱为由离开银行，之后告知不再履行合同。方先生特此函告，可以向陈先生支付全款，希望对方配合办理过户手续。陈先生确认该函件于4月17日收到，就合同未继续履行原因表示：1. 将合同做低是违法的。2. 居间合同与买卖合同内容有区别，受对方欺骗，自己没有仔细看就签字了。3. 根据对合同的理解，2021年1月20日之前方先生应支付100万元，但方先生未予支付；3月底，配合方先生贷款，但方先生于3月9日便支付了131万元并要求配合贷款，陈先生认为时间太早，故将131万元退还原告；3月26日，陈先生配合方先生到银行办理贷款手续，经咨询银行工作人员，发现贷款到账时间不能保证在过户前到账。4. 房屋承重墙有拆除情况，存在安全隐患。综上，陈先生不愿意继续履行合同。

5月，方先生找到一家律师事务所并签署《聘请律师合同》，约定就房屋买卖合同纠纷聘请律师代理参与该案的一审、二审及执行，方先生向律师事务所支付法律咨询及律师费15万元。随后，方先生向法院提出诉讼，请求：1. 判令陈先生协助方先生办理房屋过户手续。2. 判令陈先生按总房价的日万分之二，即每天人民币898元，向方先生支付2021年5月1日起至房屋交付之日止的逾期交房违约金。3. 判令陈先生向方先生支付律师费15万元。

法院经审理后认为，依法成立的合同，对当事人具有法律约束力。当事人应当按照约定履行自己的义务，不得擅自变更或者解除合同。方先生和陈先生就玫瑰园小区房屋建立买卖关系，房屋真实交易价为505万元，但双方通过签署买卖合同及补充协议，将作为纳税依据的网签备案合同做低至房价款449万元，又通过补充协议方式，将部分款项签订在备案合同外，使交易中应缴纳的税费降低，双方的行为损害了国家税收利益，由此法院认定双方就房屋所建立买卖合同中关于房价款449万元的约定应为无效，应依照真实交易价505万元予以履行，此外其他约定，系双方真实意思表示的体现，且不违反国家效力性、强制性法律规定，依法应为合法有效，双方均应严格按约履行。

在庭审中，陈先生提出存在阴阳合同，方先生存在避税及有意提高贷款成数之疑，但法庭注意到，根据双方签署的《房地产买卖居间协议》手写约定内容，将房价做低的约定系双方协商一致的结果，双方以较低价款签署备案合同存在共同过错。另外，陈先生并没有对合同做低提出过异议并要求更正，可见陈先生拒绝履约并非因方先生的房屋贷款合同签署有异导致。根据陈先生的行为，法院分析如下：第一，除双方约定以贷款方式支付的房款外，其余部分，方先生均按照合同约定足额支付，陈先生提出2021年1月10日前还有100万元未付，没有事实法律依据。第二，双方协商同意部分房款通过贷款方式支付，方先生向银行申请贷款手续，陈先生应予以配合。然而，陈先生在2021年3月初收到131万元后以配合办理贷款时间过早为由进行退款，在方先生再行支付131万元后，3月底陈先生至贷款银行，以要求方先生首付成数达到七成并在过户当日贷款全款到账作为其配合的前提，之后因此未予配合办理手续，于法无据。第三，在陈先生不配合办理贷款手续的情况下，方先生在约定的过户时间前发函催告，并明确表示愿意以全款的方式向陈先生履行支付，要求陈先生配合过户，但陈先生收到函件不予回应，却以方先生未先行全额付款而拒绝在约定的过户时间内履行其过户义务。第四，陈先生在合同履行期间内，分别于2021年3月28日、4月27日陆续退还方先生131万元、50万元房款。综合上述行为，法院认为陈先生没有积极履行其合同义务，没有促成交易的诚意，有失诚实信用，行为已经构成严重违约。陈先生以各种说辞作为解除合同的理由，于法无据，法院不予采纳。

方先生要求陈先生协助其办理房屋的过户手续，于法有据，法院予以支持。方先生主张要求按总房价的日万分之二标准支付2021年5月1日起至房屋过户之日止的逾期过户违约金，符合合同约定，陈先生提出违约金标准过高的抗辩，对于违约金标准是否过高，法院则根据合同的履行情况、当事人的过错程度以及预期利益等综合因素考虑，结合卖方违约给买方造成的实际损失，根据公平原则及诚实信用原则酌情判定陈先生按尚占有房款的日万分之二，即每日200元标准向方先生支付逾期过户相关违约金。另外，方先生依约主张律师费15万元，结合案情、当事人的相关约定及已就违约行为处理的违约金情况，判定陈先生支付方先生律师费5万元。

二、法律条文解析

《民法典》第五百零九条第一款规定："当事人应当按照约定全面履行自己的义务。"

第五百七十七条规定："当事人一方不履行合同义务或者履行合同义务不符合约定的，应当承担继续履行、采取补救措施或者赔偿损失等违约责任。"

第五百八十五条规定："当事人可以约定一方违约时应当根据违约情况向对方支付一定数额的违约金，也可以约定因违约产生的损失赔偿额的计算方法。约定的违约金低于造成的损失的，人民法院或者仲裁机构可以根据当事人的请求予以增加；约定的违约金过分高于造成的损失的，人民法院或者仲裁机构可以根据当事人的请求予以适当减少。当事人就迟延履行约定违约金的，违约方支付违约金后，还应当履行债务。"

本案的关键点在于合同效力的认定。在评价合同效力时，应当根据合同生效要件分别予以评价，不能因为两份合同签订的内容不同，就直接评价为无效。《民法典》对于合同的效力没有单独列出条款予以规定，评价合同的效力适用民事法律行为中的效力规定。《民法典》第一百五十三条第一款规定："违反法律、行政法规的强制性规定的民事法律行为无效。但是，该强制性规定不导致该民事法律行为无效的除外。"本案中当事人为了少缴纳税款，在《房屋买卖合同》中做低房屋交易价格，损害了国家税收利益，合同中有关价款的部分无效，但是合同其他条款规定有效。当然，当事人的逃税行为则会受到税务部门的行政处罚。

三、律师建议与提醒

二手房交易实践中常有"阴阳合同"出现。"阴合同"是显示买卖双方真实意愿的成交价格，并付以实际履行的合同；"阳合同"是在办理交税或者房屋过户时，买卖双方为达到避税或少纳税的目的，向有关部门报低房屋交易价格，或者为了向银行申请更多贷款而报高房屋交易价格，所签订的另一份合同。

但是，阴阳合同有风险。《民法典》第一百四十六条第一款规定："行为人与相对人以虚假的意思表示实施的民事法律行为无效。"民事法律行为无效，行为人因该行为取得的财产，应当予以返还。如果当事人通过合法形式掩盖非法目的，不但会导致合同无效，甚至可能承担刑事责任。因此，建议在从事民事活动时，各方都应依法、诚信地签订合同，切实保护好自身权益、维护好社会的诚信秩序。

6. "一房二卖"的情况下，房屋的所有权归谁？

一、案例场景回放

2021年初，钱女士与家广厦房地产开发有限公司签订《商品房买卖合同》，约定购买由该房地产公司开发的一套商品房。之后，钱女士按合同约定向该房地产公司交纳了房款、物业费、水电费等费用并办理了过户登记手续。该商品房也完成了商品房联机备案，登记权利人为钱女士。同年10月，房地产公司又与金先生签订了合同，将上述商品房以更高的价格卖给了金先生。金先生见钱女士已经入住该房屋，就更换门锁强行进入。钱女士认为，金先生的行为是非法侵占，而金先生则认为，自己与房地产公司签订合同并交付房款，占有并使用该房屋是合法的，不侵犯任何人的权利。双方产生争议，诉至法院。

法院经审理后认为，商品房买卖合同进行联机备案虽然只是一种行政管理行为，但进行了联机备案的商品房合同，其房屋权利人是确定的。在出卖人一房二卖，两个买受人都没有取得房屋产权证书或进行预告登记的情况下，经联机备案的合同效力优先。钱女士与房地产公司签订的商品房买卖合同书是经房产住宅部门联机备案的合同，经联机备案的合同的效力优先，因此判决金先生从该商品房屋中迁出，将房屋交付钱女士，并支付占用房屋期间给钱女士造成的损失4万元。

二、法律条文解析

1. 什么是"一房二卖"?

一房二卖,是指出卖人先后或同时以两个买卖合同,将同一特定的房屋出卖给两个不同的买受人。

2. "一房二卖"情形下,房屋所有权该归谁?

《民法典》第一百一十四条规定:"民事主体依法享有物权。物权是权利人依法对特定的物享有直接支配和排他的权利,包括所有权、用益物权和担保物权。"

第一百一十五条规定:"物包括不动产和动产。法律规定权利作为物权客体的,依照其规定。"

第二百零九条第一款规定:"不动产物权的设立、变更、转让和消灭,经依法登记,发生效力;未经登记,不发生效力,但是法律另有规定的除外。"

第二百一十条规定:"不动产登记,由不动产所在地的登记机构办理。国家对不动产实行统一登记制度。统一登记的范围、登记机构和登记办法,由法律、行政法规规定。"

根据《民法典》的规定,不动产的所有权以登记为准确定其归属。在"一房二卖"的情形下,已经办理过户登记的买受人享有不动产的物权,其他的买受人有权依据合同的约定请求出卖人承担返还购房款和赔偿损失的责任,即享有基于合同的债权。

若先买受人仅与出卖方签订了合同,在先买受人不知情的情况下,出卖方又与他人签订了房屋买卖合同,后买受人交付了房款并办理了房产过户登记,此时虽然后受让人签订的合同在后,但是其完成了不动产登记,对外具有公示效力,由后买受人取得房屋的所有权,先买受人只能依据合同享有解除合同、赔偿损失的债权请求权，而不能取得房屋的所有权。

若出卖人与两名买受人签订的合同均合法有效，并且都没有依法办理过户登记，如果房屋已经交付给其中一名买受人使用居住的，则通常房屋归属于已经合法占有该房屋的买受人。若出卖人与两名买受人签订的合同均合法有效，并且都没有依法办理过户登记，也没有合法占有该房屋，则通常优先履行成立在先的合同。

综上，当"一房多卖"时，数份合同均为有效且各买受人均要求履行合同，一般按照已经办理房屋所有权变更登记、合法占有房屋以及买卖合同成立先后等顺序确定权利保护顺位。对于未取得房屋的一方，可以根据《民法典》的相关规定，依法解除合同，要求出卖人返还已付购房款及利息，承担违约赔偿责任。

三、律师建议与提醒

那么，应如何防范"一房二卖"？首先，在买房时要查询房屋的产权情况，通过预告登记来避免"一房二卖"。《民法典》第二百二十一条第一款规定："当事人签订买卖房屋的协议或者签订其他不动产物权的协议，为保障将来实现物权，按照约定可以向登记机构申请预告登记。预告登记后，未经预告登记的权利人同意，处分该不动产的，不发生物权效力。"根据此条款，预告登记后，未经预告登记权利人同意，处分该不动产是不发生物权效力的。也就是说，该房只能卖给预告登记的购房人，预告登记后面的其他任何买受人都不能再取得此房产权。

其次，及时进行购房合同备案。《城市商品房预售管理办法》第十条第一款规定："商品房预售，开发企业应当与承购人签订商品房预售合同。开发企业应当自签约之日起30日内，向房地产管理部门和市、县人民政府土地管理部门办理商品房预售合同登记备案手续。"给预售的商品房办理预售合同登记备案手续，也是防止"一房二卖"的有效途径之一。

再次，选择办理网签。在房地产领域，网签是指交易双方在签订合同后，到房地产相关部门进行备案，并公布在网上。网签信息包括房地产开发企业信息，如企业资质及证书号、银行信用等级等；楼盘信息，如绿化率、容积率、间距、总建筑面积等，以及商品房预售许可证号或者房地产权证号等情况。备案形成的网签号在网上公布并供相关当事人查询，从而防止"一房二卖"甚至"一房多卖"。

最后，约定（高额）违约金。"一房多卖"问题的产生，是因为卖家想卖一个更高的价格或者本来就预谋要把房屋卖给多人以谋取利益最大化。因此，建议买方与卖家在签订合同时，可以约定高额的违约金，使卖家不敢随意违约。

7. 物业公司服务不到位，业主对此很不满意，可以拒付物业费吗？

一、案例场景回放

家住兴福小区的老张最近心情有点烦，因为小区的物业公司将他告到法院，要求老张支付 2018 年至 2022 年的物业费近 6000 元，外加逾期付款违约金 3000 元。老张心中烦闷，不是自己想拖欠物业费，而是因为物业公司的服务实在太差，垃圾房里污水横流也不打扫，小区草坪被开采种菜没人管，有些业主乱拉电线为电瓶车充电存在安全隐患。他向物业公司反映多次也不见改善，心想既然你服务不到位，我就不付物业费。

法院开庭审理后，查明如下事实：2014 年，老张与小区物业公司签订《临时管理规约》，对物业基本情况、物业的使用、物业的维修养护、业主的共同利益、违约责任等进行了约定，并约定物业费收取标准为每平方米 1.5 元/月，于每季度首月 5 日前足额交纳该季度物业费。老张自 2018 年 2 月 1 日拒付物业费，至 2022 年 9 月 30 日，共拖欠物业费 6048 元。

法院认为，依法成立的合同对当事人具有法律约束力，当事人应当按照约定履行自己的义务。老张在接受物业公司的物业管理服务后，应及时支付相应的物业管理费，现老张拖欠不付的行为构成违约，侵犯了物业公司的合法权益，应承担民事责任，因此物业公司主张老张支付物业费 6048 元的诉讼请求，于法有据，予以支持。若老张认为物业公司在履行物业服务职责过程中存在瑕疵，可以根据《临时管理规约》的约定及相关法律规定，依法维护自己的合法权益，但老张以拒付物业费的方式对抗物业服务瑕疵的行为，于法无据，不予支持。最后判决，老张给付物业公司 2018 年 2 月 1 日至 2022 年 9 月 30 日物业费 6048 元，驳回物业公司的其他诉讼请求。

二、法律条文解析

《最高人民法院关于适用〈中华人民共和国民法典〉时间效力的若干规定》第一条第三款规定："民法典施行前的法律事实持续至民法典施行后，该法律事实引起的民事纠纷案件，适用民法典的规定，但是法律、司法解释另有规定的除外。"

第二十条规定："民法典施行前成立的合同，依照法律规定或者当事人约定该合同的履行持续至民法典施行后，因民法典施行前履行合同发生争议的，适用当时的法律、司法解释的规定；因民法典施行后履行合同发生争议的，适用民法典第三编第四章和第五章的相关规定。"

《民法典》第四百六十五条规定："依法成立的合同，受法律保护。依法成立的合同，仅对当事人具有法律约束力，但是法律另有规定的除外。"

第五百零二条第一款规定："依法成立的合同，自成立时生效，但是法律另有规定或者当事人另有约定的除外。"

第五百零九条规定："当事人应当按照约定全面履行自己的义务。当事人应当遵循诚信原则，根据合同的性质、目的和交易习惯履行通知、协助、保密等义务。当事人在履行合同过程中，应当避免浪费资源、污染环境和破坏生态。"

第五百七十七条规定："当事人一方不履行合同义务或者履行合同义务不符合约定的，应当承担继续履行、采取补救措施或者赔偿损失等违约责任。"

第九百三十七条第一款规定："物业服务合同是物业服务人在物业服

务区域内，为业主提供建筑物及其附属设施的维修养护、环境卫生和相关秩序的管理维护等物业服务，业主支付物业费的合同。"

第九百四十四条第一款规定："业主应当按照约定向物业服务人支付物业费。物业服务人已经按照约定和有关规定提供服务的，业主不得以未接受或者无需接受相关物业服务为由拒绝支付物业费。"

本案的争议焦点在于是否应当缴纳物业费。老张主张，物业公司提供的服务不到位，但是未能举证证明物业公司在提供物业管理服务过程中，存在根本违约行为。老张作为业主，发现物业服务瑕疵问题可以通过业主委员会要求物业公司限期整改或选聘新的物业公司等其他途径维护自己的合法权益，但以拒缴物业费对抗物业服务瑕疵的行为，缺乏法律依据。

三、律师建议与提醒

司法实践中，"服务不到位"是物业费纠纷中最常见的抗辩理由之一。但是，物业公司一般的履约不到位、业主对服务不满意，并不能构成拒缴物业费的合理抗辩事由。因为物业服务合同具有涉众性，若允许业主以物业服务瑕疵为由拒付物业管理服务费，则可能导致物业服务公司对小区的维护管理难以为继，从而使得全体业主的共同利益遭受损害。

针对物业服务不到位或有严重瑕疵的情形，建议业主应当注意固定或保留证据，及时咨询律师取证，避免因证据不足导致败诉。

8. 天降暴雨导致漏水到楼下，楼上邻居该不该赔偿楼下邻居呢？

一、案例场景回放

2021年9月的一场大暴雨，把王女士的心都浇凉了。房客小邱打电话说，因为楼上601室邻居不在家，阳台上的门窗没关，导致雨水倒灌后渗漏至自家501室，现在房内墙面、天花板、门框等多处受损，小邱要求提前退房。王女士赶紧请人来修复房屋，等完工后，再委托中介重新出租房屋。王女士算了笔账，装修费10400元、房客退租损失3000元、委托出租中介费1000元，这些损失她得向楼上601室邻居索赔。601室房主李先生承认，自从购入该房用作出租后基本没有做过装修，阳台没有封闭，阳台的落水管也年久老旧。九月那天突降大暴雨，管道淤塞排水不畅，导致雨水渗漏至楼下501室。李先生也已将601室出租，事发时租客不在房内，但租客说阳台的门窗是关好的。李先生认为，此次渗漏系自然灾害所致，责任不在自己。而且，李先生认为，王女士在装修501室时擅自改变房屋原有结构，拆除承重墙导致楼板变形开裂，所以渗漏责任应由王女士自行承担。王女士听了李先生的说辞，气愤不已，一纸诉状告到法院，请求判令李先生支付她的各项损失，共计14400元。

法院经审查证据后，认定事实如下：王女士于2020年7月对501室进行装修，拆除室内原有的门框，用轻钢龙骨做了隔墙，但并没有拆除任何承重墙。李先生没有对601室进行过装修，阳台亦未封闭。2021年9

月下暴雨，大量雨水进入601室阳台渗漏至501室，导致501室房屋墙面、天花板等受损。事发时，601室租客不在房内。现王女士已对501室进行修复，提供维修费发票，发票金额为10400元。王女士提供的房屋租赁合同所载，租赁期自2020年10月8日起至2021年10月7日止，月租金为3000元。

法院认为，不动产的相邻权利人应当按照有利生产、方便生活、团结互助、公平合理的原则，正确处理相邻关系。房屋的所有权人或使用权人行使对房屋的所有权或使用权时，以不侵犯相邻方的合法权益为限。2021年9月突降暴雨，601室阳台上大量雨水渗漏至501室，致501室房屋墙面、天花板等受损。李先生称，当日发生雨水渗漏，系因601室阳台落水管年久老旧，遇暴雨时管道淤塞排水不畅所致，但未就该抗辩主张进行充分举证。阳台落水管虽为公共设施，但贯通各住户家中，李先生作为601室的权利人，对其所有房屋内的公共设施应当负有日常排查、及时报修等适当管理义务。庭审中，李先生未能提供报修、维护记录等足以证明自身已尽到适当管理义务的相关证据。此外，李先生未对601室阳台予以封闭，在遇暴雨等恶劣天气时，更应当结合天气预报，对房屋内管道破损、密封等情况进行主动排查，并对阳台门窗是否处于关闭状态等细节进行必要关注，防患于未然。显然，李先生对601室房屋疏于管理，对王女士的损害后果存在过错。至于501室房屋结构问题，现并无证据证明王女士破坏承重墙，故李先生以501室房屋自身缺陷导致损害后果发生之抗辩，法院不予采信。

关于王女士主张的各项诉请：1. 装修损失。事发后王女士已将501室进行修复。鉴于因渗漏导致的受损部位、损失范围、减值程度等均无法确定，结合案件实际情况，因601室漏水所产生的合理且必要的修复费用，酌定赔偿损失6000元。2. 退租损失和委托出租中介费。虽然房屋渗漏给正常生活带来不便，但综合案件实际情况，尚未达到完全不能居住使用的程度，故王女士主张退租损失，法院不予支持。结合房屋租赁合同，事发时租赁即将到期，故再次委托出租所产生的中介费并非因渗漏导致的直接损失，法院亦不予支持。

二、法律条文解析

《民法典》第二百八十八条规定："不动产的相邻权利人应当按照有利生产、方便生活、团结互助、公平合理的原则，正确处理相邻关系。"

第二百九十六条规定："不动产权利人因用水、排水、通行、铺设管线等利用相邻不动产的，应当尽量避免对相邻的不动产权利人造成损害。"

第一千一百六十五条规定："行为人因过错侵害他人民事权益造成损害的，应当承担侵权责任。依照法律规定推定行为人有过错，其不能证明自己没有过错的，应当承担侵权责任。"

第一千一百八十四条规定："侵害他人财产的，财产损失按照损失发生时的市场价格或者其他合理方式计算。"

相邻关系，是指土地、土地上的自然物或建筑物的相邻所有人在使用或经营这些相邻的不动产时，相互发生的权利义务关系。常见的相邻关系有相邻土地使用关系；相邻防险、排污关系；相邻用水、流水、截水、排水关系；相邻管线安设关系；相邻光照、通风、音响、震动关系；相邻竹木归属关系；相邻安全关系等。《民法典》第二百八十八条、第二百九十六条是处理解决相邻关系纠纷的基本原则。

三、律师建议与提醒

在日常生活中，邻居可能是除了家人以外，我们接触最多的人。相邻关系的纠纷，看似简单，但对于当事人来说，低头不见抬头见，小小的矛盾也会对生活和谐造成很大的困扰。

"远亲不如近邻"，本着有利生产、方便生活、团结互助、公平合理的原则，正确处理好相邻关系，合理行使所有权，尽量减少给相邻权利人生活带来不便，共同构建一个和谐美好的生活环境。

9. 自家门上安装可视门铃，侵犯到对门邻居的隐私了吗？

一、案例场景回放

科技发展日新月异，市场上涌现出了各种智能门铃，它们具有红外夜视、实时查看、自动摄录、人脸识别、云存储等功能。单身独居的乔小姐就买了一款新型智能可视门铃，只要用手机打开智能门铃的 App，就能随时掌握家门外的所有情况，一旦有人在门铃前停留超过 15 秒，手机 App 上就会收到提醒信息，乔小姐觉得装了门铃后安全指数大大提升。

不过没想到的是，住在同层对门的邻居范小姐却因此不高兴了，因为乔小姐家门铃里安装的摄像头正对着范小姐的家门，只要家里有人进出，乔小姐家的智能门铃就会亮起灯，开始自动录像。一想到自己每天进进出出或是有亲友来访都被一双眼睛"盯着"，范小姐就浑身不自在，感觉自己的隐私安全遭到了侵犯，强烈要求乔小姐拆掉门铃。乔小姐认为，安装智能可视门铃的目的是保护自己的人身安全和财产安全，门铃装在自家门上，邻居无权干涉。况且门铃里视频监控的启动是有前提条件的，只有当有人进入通道内该监控才会短暂启动，时长也只有 5 秒，拍摄范围仅在 80 厘米左右；视频拍摄到的是通道，属于公共区域，不存在侵犯范小姐的隐私权的情况，因此不同意拆除。几番交涉无果，范小姐只好诉至法院，请求法院判令将乔小姐家大门上安装的具有视频监控功能的智能可视门铃拆除。

法院经审理后认为，公民的合法权益受法律保护。不动产的相邻各方，应当按照有利生产、方便生活、团结互助、公平合理的原则，正确处理相邻关系。给相邻方造成妨碍或损失的，应当承担停止侵害、排除妨碍等相关责任。同时，自然人享有隐私权，其私人生活安宁和不愿为他人知晓的私密空间、私密活动、私密信息，任何组织或者个人不得侵犯。本案中，可视门铃可能拍摄到范小姐的日常进出信息，包括出行人员及其出行规律、访客情况等，系与其私人习惯及其人身、财产安全直接关联，属个人隐私范畴，应受法律保护。乔小姐安装可视门铃的初衷虽系出于保护自身安全，并无意窥探他人隐私，但是可视门铃所具有的录像和存储视频的功能已对范小姐的隐私及其个人信息保护构成现实妨碍。因此，判决乔小姐将安装的可视门铃拆除。

二、法律条文解析

《民法典》第三条规定："民事主体的人身权利、财产权利以及其他合法权益受法律保护，任何组织或者个人不得侵犯。"

第一百七十九条规定："承担民事责任的方式主要有：（一）停止侵害；（二）排除妨碍；……本条规定的承担民事责任的方式，可以单独适用，也可以合并适用。"

第二百八十八条规定："不动产的相邻权利人应当按照有利生产、方便生活、团结互助、公平合理的原则，正确处理相邻关系。"

第一千零三十二条规定："自然人享有隐私权。任何组织或者个人不得以刺探、侵扰、泄露、公开等方式侵害他人的隐私权。隐私是自然人的私人生活安宁和不愿为他人知晓的私密空间、私密活动、私密信息。"

第一千零三十三条规定："除法律另有规定或者权利人明确同意外，任何组织或者个人不得实施下列行为：（一）以电话、短信、即时通讯工具、电子邮件、传单等方式侵扰他人的私人生活安宁；（二）进入、拍摄、窥视他人的住宅、宾馆房间等私密空间；（三）拍摄、窥视、窃听、公开他人的私密活动；（四）拍摄、窥视他人身体的私密部位；（五）处理他人的私密信息；（六）以其他方式侵害他人的隐私权。"

我国法律并不明文禁止安装具有摄录、存储等功能的可视门铃，但并不意味着个人安装可视门铃不受到任何限制。根据《民法典》第一千零三十二条和第一千零三十三条的规定，自然人享有隐私权，除法律另有规定或者权利人明确同意外，任何组织或者个人不得进入、拍摄、窥视他人的住宅、宾馆房间等私密空间，也不得拍摄、窥视、窃听、公开他人的私密活动。个人的住宅属于私密空间，行踪轨迹等属于个人信息，公民私自安装可视门铃这一行为本身并不违法，但如果拍摄到邻居的出行规律、生活习惯、社会关系等个人信息，对他人隐私的侵犯。

另外，安装可视门铃还需考虑相邻权的有关规定。《民法典》第二百八十八条要求，相邻权利人应遵循有利生产、方便生活、团结互助、公平合理的原则，正确处理相邻关系，在满足自己生活的合理需要时，兼顾相邻方的权益。

三、律师建议与提醒

有些住宅小区没有安装监控设备、防盗设备，智能可视门铃部分功能等同于监控设备，在自家门口安装，能够在一定程度上监控入室盗窃等不法行为或突发情况。出于安全考虑，确实有必要加装可视门铃的，建议通过正规渠道购买经认证的产品，以避免因个人无意采集的信息被非法利用而承担相应责任。

另外，安装时尽量在角度、安装方式、摄录方式等方面进行合理调控，保证设备拍摄记录的范围属于自有空间，避免对公共空间和他人住宅等私人领域进行监控。如果仍无法避免拍摄到相邻业主的，应当及时告知摄像头监控范围内的邻居，并征得对方同意，避免造成邻居心理上的反感和不悦，尽量不影响他人私生活的安宁。

六、日常生活社交篇

1. 美容不成反毁容，医美发生事故，消费者该如何维权？

一、案例场景回放

正值妙龄的姚小姐，长得眉清目秀，她觉得自己唯一美中不足的是鼻梁不够挺拔。一天和朋友逛街时，她收到一份广告传单，上面介绍说某美容医院是本地区一流的医美机构，而且擅长做隆鼻手术。姚小姐看后大为动心，前往该美容机构，经咨询后决定做"鼻头缩小+鼻翼沟成型+鼻尖成型"的手术。双方签订合同，姚小姐交纳了定金，约定由该美容机构的马医师主刀手术。

术后不久，姚小姐发现隆鼻假体异常，与肤色明显不一致，并且开始出现经常性头晕、晕厥等不良症状，医院诊断为术后迷走神经放射性晕厥。姚小姐美容不成反遭毁容，遂前往该美容机构讨要说法，协商未果后，来找律师求助。

经调查发现，该美容机构仅有工商部门许可的"生活美容"经营资质，并未向卫生行政部门登记注册，亦未获得医疗机构执业许可证。并且，给姚小姐主刀的马医师也不具备医师资质。姚小姐该如何依法维权呢？

二、法律条文解析

《民法典》第一百八十六条规定："因当事人一方的违约行为，损害对方人身权益、财产权益的，受损害方有权选择请求其承担违约责任或者侵权责任。"

第五百条规定："当事人在订立合同过程中有下列情形之一，造成对方损失的，应当承担赔偿责任：（一）假借订立合同，恶意进行磋商；（二）故意隐瞒与订立合同有关的重要事实或者提供虚假情况；（三）有其他违背诚信原则的行为。"

第五百七十七条规定："当事人一方不履行合同义务或者履行合同义务不符合约定的，应当承担继续履行、采取补救措施或者赔偿损失等违约责任。"

第九百九十六条规定："因当事人一方的违约行为，损害对方人格权并造成严重精神损害，受损害方选择请求其承担违约责任的，不影响受损害方请求精神损害赔偿。"

第一千一百七十九条规定："侵害他人造成人身损害的，应当赔偿医疗费、护理费、交通费、营养费、住院伙食补助费等为治疗和康复支出的合理费用，以及因误工减少的收入。造成残疾的，还应当赔偿辅助器具费和残疾赔偿金；造成死亡的，还应当赔偿丧葬费和死亡赔偿金。"

《消费者权益保护法》第五十五条规定："经营者提供商品或者服务有欺诈行为的，应当按照消费者的要求增加赔偿其受到的损失，增加赔偿的金额为消费者购买商品的价款或者接受服务的费用的三倍；增加赔偿的金额不足五百元的，为五百元。法律另有规定的，依照其规定。经营者明知商品或者服务存在缺陷，仍然向消费者提供，造成消费者或者其他受害人死亡或者健康严重损害的，受害人有权要求经营者依照本法第四十九条、第五十一条等法律规定赔偿损失，并有权要求所受损失二倍以下的惩罚性赔偿。"

《医疗美容服务管理办法》第十四条规定："未经卫生行政部门核定并办理执业注册手续的人员不得从事医疗美容诊疗服务。"

本案中，姚小姐和某医美机构签订的是医疗服务合同，医疗机构负有提供医疗服务的义务，患者则负有配合治疗并支付医疗费用的义务。某医美机构谎称自己具备相关资质误导姚小姐，存在隐瞒、虚假宣传和欺诈的情形，无资质经营违背了诊疗规范的强制性规定，对姚小姐的人身权益造成了侵害。医疗服务合同是医疗机构与患者之间明确相互权利和义务关系的合同，受《民法典》合同编的调整，适用《民法典》合同编通则的相关规定。在患者因医疗机构或医护人员的过错而产生损害时，存在违约责任、侵权责任竞合的现象。《民法典》第一百八十六条赋予了当事人选择权，当事人可以选择提起侵权之诉或者违约之诉获得救济。

据此，姚小姐可依据《民法典》第五百七十七条向该医美机构主张其承担继续履行、采取补救措施或者赔偿损失等违约责任。或者基于侵权责任，依据《民法典》第一千一百七十九条的规定，主张医疗费、护理费、交通费等为治疗和康复支出的合理费用以及因误工减少的收入。本案属于医疗美容纠纷，姚小姐也可以适用《消费者权益保护法》，根据《消费者权益保护法》第五十五条的规定，要求医美机构退还服务费并给予服务价款三倍的赔偿。

此外，该医美机构除了承担违约或者侵权的赔偿责任之外，根据《医疗机构管理条例实施细则》第七十七条的规定，该机构无资质经营，还可能面临责令停止执业活动，没收非法所得和药品、器械，以及处以3000元以上10000元以下罚款的行政处罚。根据《医疗美容服务管理办法》的规定，该机构马医师未取得执业医师资格，无证行医，情节严重的，或可追究其刑事责任。

三、律师建议与提醒

爱美之心，人皆有之。近年来，医疗美容技术迅速发展，"颜值经济"刺激了医美市场迅速扩张。与此同时，医美事故频发，涉及医疗美容类的服务合同及侵权纠纷也日益增多。涉医美纠纷通常因医美机构缺乏相应资质、虚假宣传、超范围营业、诊疗行为操作不当等情形引起。因此，提醒消费者要增强风险意识，在准备医美手术前，首先要核查美容医疗机构的资质，是否具备卫生行政部门核发的《设置医疗机构批准书》和《医疗机构执业许可证》，并核实计划实施的医美项目是否包含在其诊疗服务范围内。同时，在医疗美容过程中也应注意核查医美执业人员的资格。此外，未成年人进行医疗美容时，必须由监护人签字同意。

如果医美发生事故，整形失败，建议消费者通过以下途径来维护权益。首先，向卫生行政部门申请调解，并申请医疗损害鉴定。其次，如果医疗机构没有经过核准登记，或不具备相应资质，或是实施手术人员没有医师资格的，要求院方返还三倍的手术费，并赔偿其他相关的费用。最后，消费者与医疗机构不能协商一致，解决赔偿问题的，也可进行起诉索赔。如果医疗机构及医务人员存在过错的，可以起诉医疗机构要求返还手术费用并赔偿适当的损失。

2. 虚拟货币转错了网址，可以要求对方按不当得利予以返还吗？

一、案例场景回放

小徐和小倪是一家虚拟货币交易平台承兑商。2021年6月27日，吴先生添加了小徐为微信好友，要求小徐为其购买虚拟货币。7月2日、7月5日，吴先生分别委托小徐为其购买虚拟货币，并支付了相应的款项。7月6日凌晨，小徐不小心通过小倪的虚拟货币账户错转了99162个虚拟货币至吴先生账号的提币地址。错转后不到五分钟，小徐即发现操作失误，转错了地址，于是立马联系吴先生，微信语音请求吴先生"帮忙提下，不然要被老板骂死"，并发送了客户地址，让吴先生把虚拟货币提到该地址。起初吴先生同意帮忙，但当他登录账号后看到小徐错转的虚拟货币数量为99162个后便反悔不同意转回了。小徐及小倪多次与吴先生沟通，希望其将错转的虚拟货币返还，并愿意因此支付吴先生一定的辛苦费，但双方就辛苦费的数额没有达成一致意见。协商无果，小徐和小倪将吴先生诉至法院，两人认为吴先生收到99162个虚拟货币并未支付相应的对价，属于不当得利，应当予以返还。

法院认为，虚拟货币为建立在数据上的虚拟物，权利人可以排除他人的占有、支配和使用，其本身具有可交换性，具备权利客体的特征。虚拟货币属于网络虚拟财产，受法律保护。关于小徐和小倪主张的吴先生构成不当得利问题，从不当得利的构成来看，一方获得利益，另一方受到损失，获益和损失间存在因果关系即为判断依据。小徐与吴先生之间微信聊天记录显示，吴先生知晓其账户内转入 99162 个虚拟货币这一事实，当小徐要求吴先生把虚拟货币提到别的客户地址时，吴先生并未就该笔转入的虚拟货币主张权利。相反，其在 7 月 8 日与小徐的微信通话中表示"这是你们的过失，不是我的过失，我没有诈骗"。因此，应当认定小徐误将 99162 个虚拟货币转入吴先生账户，吴先生没有合法依据占有该货币，构成不当得利。现小徐和小倪要求吴先生立即返还错转的 99162 个虚拟货币财产，符合法律规定，予以支持。因此，判决吴先生返还 99162 个虚拟货币至指定账号，案件受理费由吴先生负担。

二、法律条文解析

《民法典》第一百二十二条规定："因他人没有法律根据，取得不当利益，受损失的人有权请求其返还不当利益。"

第一百二十七条规定："法律对数据、网络虚拟财产的保护有规定的，依照其规定。"

《民法典》第一百二十七条对网络虚拟财产作出了保护性规定。建立虚拟财产保护制度，正是《民法典》的立法亮点之一，填补了我国法律在虚拟财产保护问题上的空白。

三、律师建议与提醒

法律中，财产的实质内涵是法律主体享有的一系列权利关系的总和，因此在权利意义上，网络虚拟财产与传统实体财产并无本质区别。

虚拟货币大致可以分为三类：游戏币、打赏币、比特币。游戏币是由游戏玩家购买所得，充当游戏中的一般等价物，可用来购买游戏装备或其他游戏服务。打赏币主要存在于当前各大网络直播平台，是由法定货币兑换所得，用户可以用来打赏自己喜欢的网络主播或购买其他网络服务。比特币本质上是由分布式网络系统生成的数字货币，比特币之所以被部分人视为新型货币——"黄金货币"，是因为比特币具有交易媒介功能和储藏功能。既然同为货币，那么虚拟货币必然具有传统货币的一些功能，如支付功能、流通功能、储藏功能。同时，虚拟货币往往由法定货币兑换所得，与法定货币在一定期间内存在相对固定的兑换比例。正是因为虚拟货币在网络空间中具有类似于法定货币的价值与功能，并且其自身不带有任何人格色彩，因此虚拟货币属于典型的网络虚拟财产。

虚拟财产被《民法典》正式纳入法律的保护范畴后，人们在维权过程中就有了民法层面的基本依据。需要特别注意的是，2021年9月15日，由中国人民银行牵头，包括最高人民法院在内十个部门联合发布《关于进一步防范和处置虚拟货币交易炒作风险的通知》，认为买卖虚拟货币的交易行为严重扰乱了经济金融秩序，损害了社会公共利益。鉴于目前我国对于虚拟货币交易持打击态度，虚拟货币在维权上依然有不被支持的可能，建议在涉足虚拟货币交易时更加谨慎，以免陷入非法经营、金融诈骗、洗钱、赌博、非法集资、传销等违法犯罪活动的风险。

3. 网店放"××明星同款服装"照片，是否侵犯到明星的姓名权和肖像权？

一、案例场景回放

肖先生是一名颇有人气的影视演员，经朋友提醒，肖先生发现在某知名电商平台上有一家服装公司的网店未经授权用了自己的照片和名字做广告，标有"肖先生同款衬衫一字肩长袖显瘦上衣，单价99元"，还贴了多张肖像，为商品进行宣传介绍。肖先生很生气，认为该行为严重侵害了自己的肖像权、姓名权，因此向法院提起诉讼，要求该服装公司公开赔礼道歉，在《人民法院报》等全国公开发行的报纸上和电商平台网店首页显著位置登载致歉声明，赔偿经济损失50000元；同时要求涉案电商平台的网络服务提供者某广告公司对该服装公司的侵权行为承担连带责任。

服装公司辩称没有构成侵权，对肖先生的权利也没有造成任何实质性损害。因为网站用的这些照片都是肖先生公开发表到公众媒体的照片，系网络公开信息，没有引用任何隐私照片，也没进行过修图，没有给肖先生带来精神损失，只会起到正面宣传作用。而且这款服装在网店的销量显示为零，不存在获取非法利益的情形。在收到肖先生的起诉信息后，第一时间删除了产品链接，上架时间短，网店规模小，没有知名度，商品展示的范围有限，并没有给肖先生造成权益损害。肖先生在并未遭受精神及物质损失且本案并未形成社会影响的情况下，要求服装公司在全国发行的刊物上赔礼道歉，从一定程度上讲，反而扩大了社会影响，不符合法律维权的本意和目的。此外，演员是一种特殊职业，站在聚光灯下是演员生涯的生活常态，影视明星正是通过不断地曝光而获得公共关注和知名度，对出于善意、没有损害后果的轻微侵权行为应持包容态度。综上，请求法院驳回肖先生对服装公司的诉讼请求。

某广告公司辩称，首先，广告公司仅是网络服务提供者，并未实施案涉被控侵权行为。广告公司既非被诉侵权产品信息的发布者，也未实施销售、许诺销售等侵害著作权的行为。其次，广告公司已尽到事先提醒注意义务，收到通知后及时采取了必要措施。广告公司作为网络交易服务的提供者，既不存在与商家共同侵权的主观故意，也通过明确规则、约定处理措施、审查商户主体资料、及时采取必要措施等，尽到了法定义务，在案涉被控侵权行为中不存在主观过错。最后，肖先生主张的经济损失过高且没有任何证据加以支持。综上，请求法院驳回对广告公司的诉讼请求。

法院经审理后，判决服装公司在电商平台网店首页上向肖先生赔礼道歉，为肖先生消除影响（赔礼道歉内容须经法院审查，保留时间不得少于10日）；服装公司赔偿肖先生财产损失5000元；驳回肖先生的其他诉讼请求。

二、法律条文解析

根据肖先生起诉依据的事实理由以及服装公司、广告公司的答辩意见，本案的争议焦点实际上有以下三点。第一，服装公司是否侵害肖先生的姓名权、肖像权。第二，如构成侵权，服装公司应承担何种民事侵权责任。第三，广告公司是否应对服装公司的侵权责任承担连带责任。

1. 关于服装公司是否侵害肖先生姓名权、肖像权的问题

《民法典》第一千零一十二条规定:"自然人享有姓名权,有权依法决定、使用、变更或者许可他人使用自己的姓名……"

自然人享有姓名权,具有许可他人使用自己姓名的权能,对于超出正常社会交往的姓名使用,必须征得姓名权人的许可。本案中,服装公司在商品链接中使用"肖先生同款"的字样对商品款式进行宣传,属于利用肖先生姓名的广告效应和商业价值,必须依法取得肖先生本人的许可。鉴于此,服装公司未经许可在商品链接中使用了肖先生的姓名,构成对肖先生姓名权的侵害。

《民法典》第一千零一十八条第一款规定:"自然人享有肖像权,有权依法制作、使用、公开或者许可他人使用自己的肖像。"

第一千零一十九条规定:"任何组织或者个人不得以丑化、污损,或者利用信息技术手段伪造等方式侵害他人的肖像权。未经肖像权人同意,不得制作、使用、公开肖像权人的肖像,但是法律另有规定的除外。未经肖像权人同意,肖像作品权利人不得以发表、复制、发行、出租、展览等方式使用或者公开肖像权人的肖像。"

根据上述规定,肖像权人具有依法制作、使用、公开、许可他人使用肖像的积极权能,同时有权禁止他人未经本人许可使用肖像的消极权能。本案中,服装公司未经肖先生许可,在其经营的网店页面以宣传商品为目的使用肖先生的肖像照片,且该行为并不属于法律规定的合理使用情形,侵犯了肖先生的姓名权和肖像权,应当承担侵权责任。

2. 关于服装公司应如何承担民事法律责任的问题

《民法典》第一百七十九条规定:"承担民事责任的方式主要有:(一)停止侵害;……(八)赔偿损失;……(十一)赔礼道歉。……本条规定的承担民事责任的方式,可以单独适用,也可以合并适用。"因此,肖先生要求服装公司承担相应的侵权责任,具有法律依据。承担责

任的具体方式有以下两种。

第一，赔礼道歉。《民法典》第一千条规定："行为人因侵害人格权承担消除影响、恢复名誉、赔礼道歉等民事责任的，应当与行为的具体方式和造成的影响范围相当。行为人拒不承担前款规定的民事责任的，人民法院可以采取在报刊、网络等媒体上发布公告或者公布生效裁判文书等方式执行，产生的费用由行为人负担。"

本案的侵权行为发生在电商平台店铺，肖先生要求该服装公司在其经营的店铺首页公开发布道歉声明，于法有据。但肖先生主张服装公司在全国发行的报纸上向其公开赔礼道歉，与侵害行为的具体方式和造成的影响范围不相当，因此没有得到法院的支持。

第二，赔偿损失。《民法典》第一千一百八十二条规定："侵害他人人身权益造成财产损失的，按照被侵权人因此受到的损失或者侵权人因此获得的利益赔偿；被侵权人因此受到的损失以及侵权人因此获得的利益难以确定，被侵权人和侵权人就赔偿数额协商不一致，向人民法院提起诉讼的，由人民法院根据实际情况确定赔偿数额。"

本案中，肖先生未能举证证明其具体经济损失，网店显示的商品销量和价格亦无法直接证明服装公司的获利所得，综合考虑肖先生的知名度、姓名和肖像的商业使用价值、服装公司使用肖像的数量以及商品价格等因素，法院酌定服装公司赔偿肖先生财产损失 5000 元。

3. 广告公司是否应承担连带责任？

《民法典》第一千一百九十七条规定："网络服务提供者知道或者应当知道网络用户利用其网络服务侵害他人民事权益，未采取必要措施的，与该网络用户承担连带责任。"

本案中，肖先生并未提交证据证实广告公司对服装公司侵害其肖像权、名誉权的行为存在知道或应知的主观过错，肖先生主张广告公司构成共同侵权没有事实和法律依据。所以法院驳回了肖先生对广告公司的诉讼请求。

三、律师建议与提醒

《民法典》颁布以前，肖像权的侵权受制于"营利性目的"要求，未经授权的非营利性使用，只要未扭曲、贬损肖像，可能无法构成肖像权侵权。《民法典》生效后，对于自然人人格利益，特别是肖像利益的保护力度增加。《民法典》第一千零一十九条第一款规定："任何组织或者个人不得以丑化、污损，或者利用信息技术手段伪造等方式侵害他人的肖像权。未经肖像权人同意，不得制作、使用、公开肖像权人的肖像，但是法律另有规定的除外。"根据上述规定，肖像权的保护得以扩张，以合理使用制度替代了过去的"营利性目的"使用禁止。

这里需要说明的是，在一些司法审判实践中，要求演艺圈公众人物对社会公众就其公开发布的照片进行评价理应负有一定的容忍义务。那么，对公众人物的肖像使用的合理界限在哪里？

结合《民法典》第九百九十九条和第一千零二十条之规定，下列情形可以不经肖像权利人许可，在必要范围内使用其肖像。

1. 为公共利益实施新闻报道、舆论监督合理使用。

2. 为个人学习、艺术欣赏、课堂教学或者科学研究使用肖像权人已经公开的肖像。

3. 为实施新闻报道而不可避免地制作、使用、公开。

4. 国家机关为依法履行职责在必要范围内制作、使用、公开。

5. 为展示特定公共环境而不可避免地制作、使用、公开。

6. 为维护公共利益或肖像权人合法权益而制作、使用、公开。

当今是自媒体爆发的时代，公众人物，特别是明星的肖像自然成为自媒体的"宠儿"。建议相关主体在使用公众人物的肖像时，应持有谨慎态度，以善意、合法的方式使用，获得公众人物的认可。当超出上述范围进行使用时，应当及时获得对方的授权。

4. 老婆坐月子看孩子，老公刷直播看美女，一月打赏 100 多万元，能不能要回来？

一、案例场景回放

老白和老婆晓虹经营着一家建材公司，因生意做得红火，生活也过得宽裕，晓虹今年又生下一个大胖小子，加上三岁的女儿，凑成了一个"好"字。人生得意须尽欢，趁老婆坐月子带孩子，老白却流连在各个网络直播平台，陶醉于与美女主播聊天，撒"抖币"买"钻石"，四处打赏。等晓虹一查账，才知道自己坐月子，败家老公一个月就豪掷了100多万元。

晓虹认为，老公在直播平台充值消费的100多万元不是用于家庭的正常开支。如果要处分夫妻共同财产，需要双方协商一致，现老白擅自处分夫妻共同财产，侵害了自己的财产权益。直播公司只顾追求商业利益，未负起对短期内巨额充值资金来源的合法性、正当性合理怀疑及必要的审核义务，其通过年轻漂亮女性直播诱导异性巨额打赏的商业模式有违公序良俗，不但损害了自己的合法财产权益，而且损害了家庭关系，破坏了夫妻感情。因此，晓虹提起诉讼，要求判定老白与直播公司充值合同无效，直播公司应当对老白打赏的钱款中属于晓虹的那部分予以返还。

老白在法庭上表示了忏悔，称晓虹当时处于哺乳期，为了更好地照顾孩子，两人分屋居住，出于无聊自己就看直播打发时间。直播平台总推荐一些美女主播来聊天，眉目传情之间自己就像着了魔一样，每天给美女主播疯狂打赏，平台没有给自己提醒和限制，也没有对资金来源进行核查，自己更没有看过平台上的充值协议等内容。后来经老婆算账，才知道花了家里100多万元，直播平台差点毁了自己，也毁了一家人的幸福生活。

直播公司则辩称，第一，网络直播平台有别于公益网络平台，其成立的初衷是通过吸引用户观看平台上的视频、音频、图文等内容，增加网站用户流量，获取一定的商业利益。直播公司花费人力、物力和财力，依托网络直播资质、技术服务条件和后台管理人员等搭建网络直播平台，为用户提供网络直播服务，有权获得商业利益。

第二，打赏用户与直播公司建立的是网络服务合同关系。老白与直播公司签署《用户服务协议》和《充值协议》，成为平台的注册用户，是互联网直播服务的使用者，其在平台上进行充值，获取"抖币"，并以此在平台上自主选择兑换可享有的一系列服务，对自己认可的表演自行判断打赏的金额，表演、打赏结束后，视为对价已支付，合同即履行完毕。

第三，老白每次充值的金额从数元至数千元不等，在近三年的时间内，累计充值600余次，共打赏近200位主播。老白每一次充值打赏都对应不同的表演和个性化体验服务，每一次充值打赏都是独立的行为，不能累计。打赏不是没有对价的赠与行为，不存在返还的可能。

第四，老白与直播公司签订的《用户服务协议》和《充值协议》是双方的真实意思表示，合同成立并生效。依照合同的相对性原则，晓虹并不是合同的相对方，无权要求确认合同无效并返还充值打赏款项。

第五，直播公司作为网络服务提供者，属于善意第三人，无法判断用户的充值打赏行为是否会侵害第三方权益，网络平台合法权益应依法受到保护，网络上的交易安全应依法得到保护。互联网用户的特点是身份的虚拟性，根据中国网络安全相关法律规定，网络运营者收集、使用个人信息，应当遵循合法、正当、必要的原则，网络运营者不得收集与其提供的服务无关的个人信息。因此，直播公司作为网络服务提供者，客观上及法律上均无法知悉老白的个人婚姻及家庭状态，更无法判断用户的充值打赏行为是否会侵害第三方权益。若晓虹确认老白擅自处分了夫妻共同财产，侵犯了夫妻共同财产所有权，是在夫妻内部产生侵权责任，对外并不能对抗善意第三人，不应当影响网络服务合同的效力。

第六，晓虹未举证主播存在有违公序良俗或其他导致合同无效的情形，即便老白与其打赏的某位主播（打赏近200位主播）存在所谓的不正当关系，直播公司作为善意第三人并不知情，也不应承担退还合同款项的义务。

那么，法院将支持哪一方的论述呢？

二、法律条文解析

本案争议的焦点可概括为三点。第一，老白在直播平台的充值打赏行为的法律性质。第二，老白以夫妻共同财产充值、打赏行为是否有效。第三，是否存在其他导致合同无效的情形。

1. 老白在直播平台的充值打赏行为的法律性质

《民法典》第一百一十三条规定："民事主体的财产权利受法律平等保护。"老白在直播公司运营的平台注册账号并进行充值、打赏，双方之间存在网络服务合同关系。直播平台中包含有互联网直播功能，系基于互联网，以视频、音频、图文形式向不特定公众发布实时信息，依托于网络直播资质、技术服务条件和管理人员搭建网络直播平台。网络直播平台成立具有获得商业利益的目的，用户用"抖币"购买虚拟礼物等平台上的各项产品或服务，可将购买的虚拟礼物打赏给主播或平台创作者。老白在平台内使用货币进行充值兑换"抖币"，其每次充值行为均是与直播公司之间的网络服务合同范畴内的消费行为。

网络直播作为借助互联网和移动终端技术而产生的新兴发展行业，

具有一定特性,即具有开放性、即时性,直播面向不特定对象,用户可以自主选择是否观看直播、是否对主播进行打赏。网络直播服务行业的主要盈利模式是通过用户打赏获取服务报酬,用户自行打赏属于一种非强制性对价支付,用户进行打赏后,可以从中获得某种精神满足,效果上获得精神利益。老白使用其账号中的"抖币"兑换虚拟礼物对主播进行打赏,其每次打赏行为均是与直播公司之间的网络服务合同范畴内的消费行为。

需要注意的是,尽管平台向用户提供的视频直播服务是免费的,打赏也是基于用户的自主选择,但是,平台以视频、音频、图文等形式向公众提供互联网直播服务,为用户提供差异化的虚拟货币消费等各项产品或服务,必然会产生一定的人力、物力支出,故其应当享有因提供互联网直播服务而获取经济利益的权利。平台通过用户的打赏行为,以及通过与主播关于分成的约定,进而获取一定的经济利益,是直播公司自主选择的商业经营模式,属于意思自治的范畴。

2. 老白以夫妻共同财产充值、打赏的行为是否无效?

《民法典》第一千零六十条规定:"夫妻一方因家庭日常生活需要而实施的民事法律行为,对夫妻双方发生效力,但是夫妻一方与相对人另有约定的除外。夫妻之间对一方可以实施的民事法律行为范围的限制,不得对抗善意相对人。"

夫妻对共同所有的财产有平等的处理权。因日常生活需要而处理夫妻共同财产的,任何一方均有权决定。夫或妻非因日常生活需要对夫妻共同财产做重要处理决定,夫妻双方应当平等协商,取得一致意见。他人有理由相信该行为为夫妻双方共同意思表示的,另一方不得以不同意或不知道为由对抗善意第三人。

本案中,老白是具有完全民事行为能力的成年人,有权选择消费的方式和种类,既应理性安排管理自己的支出和消费,也应遵守其与平台签订的用户协议。晓虹称老白使用巨额夫妻共同财产充值,但老白使用其注册的几个账号在平台多次进行充值，每次充值金额由数元到数千元不等，又通过其不同的账号兑换虚拟礼物对多名主播进行打赏，其每次充值、打赏均系独立的消费行为，不应累计后评价。对于网络平台而言，其作为网络服务提供者在接受服务购买人支付的对价时，并无法定义务也无能力对其每一笔资金的来源进行审查。在晓虹与老白夫妻内部，若二者确认擅自处分了夫妻共同财产，对外不能对抗善意第三人，不影响网络服务合同的效力。随着生活水平的提高，除物质需求外，正当途径的娱乐活动追求的精神愉悦也属于日常生活的部分，在合理限度内精神需求消费产生的支出并未超出家事代理的范畴。如果晓虹不能提交证据证明直播公司明知或应知老白的行为系无权处分时，那么她主张老白充值行为基于擅自处分夫妻共同财产无效，将无法得到法院的支持。

3. 是否存在其他导致合同无效的情形？

《民法典》第一百四十三条规定："具备下列条件的民事法律行为有效：（一）行为人具有相应的民事行为能力；（二）意思表示真实；（三）不违反法律、行政法规的强制性规定，不违背公序良俗。"

老白系完全民事行为能力人，注册账号并充值，而后通过打赏获取精神愉悦，其意思表示真实且明确。直播公司开设的平台具有国家颁发的相关互联网信息服务许可证，其开设直播间，提供服务空间并接受用户充值以兑换虚拟货币、打赏主播虚拟礼物等行为不违反相关法律禁止性规定。晓虹主张直播平台存在低俗内容，采用刺激、诱惑的方式鼓励老白冲动消费，但没有提交证据证明在老白打赏的直播内容中存在违反法律规定或公序良俗的情形，也没有证据表明直播公司作为平台运营者怠于对不正当直播行为进行监管的事实。

事实上，老白与直播公司之间的网络服务合同已经生效并实际履行，且不存在合同无效的情形，因此该合同认定为有效。

综上，法院对于晓虹要求确认合同无效并返还充值金额的诉讼请求，不予支持。

三、律师建议与提醒

直播打赏是几年来伴随网络发展的新生事物,目前尚无相关司法解释就此作出明确的界定。关于打赏行为的法律性质,理论界一般持"赠与行为"和"消费行为"两种不同观点。在夫妻一方未经同意打赏的情况下,如果认定为赠与,根据《民法典》第六百六十三条的规定,若受赠人严重侵害赠与人近亲属合法权益的,赠与人可以撤销赠与。当打赏金额严重超出家庭日常生活事务的需要,损害配偶利益,配偶一方或有权要求确认赠与无效并返还。如果认定为消费,作为有偿服务合同,除非合同存在无效或被撤销的特定理由,配偶一方不能直接请求确认无效并返还。司法实务中,通常将通过网络直播平台打赏的行为认定为消费行为,将通过微信、支付宝等第三方支付平台向主播转账的行为认定为赠与行为。

2021年,国家互联网信息办公室、全国"扫黄打非"工作小组办公室、工业和信息化部、公安部、文化和旅游部、国家市场监督管理总局、国家广播电视总局七部门联合发布《关于加强网络直播规范管理工作的指导意见》。其中第十条规定:"……建立直播打赏服务管理规则,明确平台向用户提供的打赏服务为信息和娱乐的消费服务,应当对单个虚拟消费品、单次打赏额度合理设置上限,对单日打赏额度累计触发相应阈值的用户进行消费提醒,必要时设置打赏冷静期和延时到账期……"明确了平台的直播打赏属于消费行为。

从法院的判例来看,目前逐步达成共识的是,直播平台及主播都是提供网络服务的主体,平台提供技术支持、流量服务,主播提供表演等服务内容,平台及主播都是以营利为目的的主体。随着人们生活水平的提高,精神娱乐需求也日益成为日常生活的重要需求,用户单纯通过观看网络直播而进行打赏,是一种消费行为,而非单纯的赠与。

当夫妻一方因大额打赏主播,导致家庭经济陷入困境或者导致夫妻关系破裂时，建议另一方可采取以下法律途径来维护自身权益。

第一，以不当得利为由起诉主播，要求返还财产。在采取此种救济途径之时，需要尽可能地收集整理用户方与主播之间存在婚外恋的证据，否则难以证明主播对于用户所处分的财产属于夫妻共同财产是知情的或为恶意的，故而也难以证明用户存在超越家事代理权处分夫妻共同财产的情形。

第二，以对方在婚姻关系存续期间存在挥霍夫妻共同财产的行为为由，起诉要求分割共同财产。需要提醒的是，根据《民法典》第一千零六十六条的规定，对在婚姻存续期间要求分割夫妻共同财产有严格的限制，不仅要有"挥霍夫妻共同财产"的行为，还要达到"严重损害夫妻共同财产利益"的程度。

第三，离婚前发现有挥霍夫妻共同财产行为的，可以在离婚诉讼中主张对方少分或不分财产；离婚后发现有挥霍夫妻共同财产行为的，可以提起离婚后财产分割诉讼，要求再次分割夫妻共同财产。值得注意的是，实际判例中，法院一般认为，小额、多笔、长期的打赏行为，在较长时期内没有被用户配偶发现，说明该消费行为并未在实质上影响家庭生活，那么这种打赏行为并不属于明显超出日常家庭生活需要的不合理的个人高消费，据此法院会驳回配偶要求返还打赏的诉讼请求。那么，如何认定打赏行为是属于明显超出日常家庭生活需要的不合理的个人高消费呢？实务中，法院通常会结合以下两个因素分析：一方面结合当时夫妻感情是否破裂；另一方面考察打赏支出相较于家庭收入以及日常支出而言是否畸高。

最后，提醒消费要理智，可以打赏主播，更要善待身边家人。

5. 遇不可抗力事件，未履行完的旅游合同可以撤销吗？

一、案例场景回放

为纪念结婚40周年，老马在某旅行社买了两份"老友行福袋卡"，准备和老伴儿一起行天下。"老友行福袋卡"是该旅行社于2020年为推广"老友行俱乐部"制定的一份旅游产品，价值1999元，约定为期三年，每个季度可预约1条旅游线路。老马和老伴儿先后于2021年3月参加了旅行社组织的大观园温泉旅行团和6月组织的古龙河谷旅行团，二人分别使用"老友行福袋卡"支付了188元和199元。在这两次旅行后，该旅行社未再组织出游活动，也不愿退还"老友行福袋卡"余额。老马认为，旅行社的行为已构成违约，遂提起诉讼，要求退还"老友行福袋卡"余额3224元［2×（1999元-188元-199元）=3224元］。

案件受理后，某旅行社经传唤未到庭应诉，法院依法作出缺席判决。法院认为，本案系旅游合同纠纷，老马与某旅行社之间签订的合同系双方的真实意思表示，不违反法律法规规定，予以确认。老马按照合同约定支付了旅游款，某旅行社亦应按照合同约定为老马提供旅游服务。现某旅行社因受疫情影响未能继续为老马提供旅游服务，亦未确保老马能正常使用"老友行福袋卡"，客观上合同不能履行，老马有权请求某旅行社退还"老友行福袋卡"余额。老马夫妇已使用"老友行福袋卡"出游两次，分别支付了188元和199元，旅行社应当退还老马夫妇"老友行福袋卡"余额3224元。

二、法律条文解析

《民法典》第五百零九条规定:"当事人应当按照约定全面履行自己的义务。当事人应当遵循诚信原则,根据合同的性质、目的和交易习惯履行通知、协助、保密等义务。当事人在履行合同过程中,应当避免浪费资源、污染环境和破坏生态。"

第五百六十三条规定:"有下列情形之一的,当事人可以解除合同:(一)因不可抗力致使不能实现合同目的;(二)在履行期限届满前,当事人一方明确表示或者以自己的行为表明不履行主要债务;(三)当事人一方迟延履行主要债务,经催告后在合理期限内仍未履行;(四)当事人一方迟延履行债务或者有其他违约行为致使不能实现合同目的;(五)法律规定的其他情形。以持续履行的债务为内容的不定期合同,当事人可以随时解除合同,但是应当在合理期限之前通知对方。"

第五百六十六条第一款和第二款规定:"合同解除后,尚未履行的,终止履行;已经履行的,根据履行情况和合同性质,当事人可以请求恢复原状或者采取其他补救措施,并有权请求赔偿损失。合同因违约解除的,解除权人可以请求违约方承担违约责任,但是当事人另有约定的除外。"

第五百九十条规定:"当事人一方因不可抗力不能履行合同的,根据不可抗力的影响,部分或者全部免除责任,但是法律另有规定的除外。因不可抗力不能履行合同的,应当及时通知对方,以减轻可能给对方造成的损失,并应当在合理期限内提供证明。当事人迟延履行后发生不可抗力的,不免除其违约责任。"

《民法典》基本上继受了原《合同法》的法定解除制度,同时增设了不定期继续性合同预告解除、合同履行不能的解除、解除权的法定除斥期间、通过司法机构解除生效时间、解除后的违约责任和担保存续等规则。根据《民法典》的规定,"不可抗力"是指不能预见、不能避免且不能克服的客观情况。最高人民法院在 2020 年 4 月至 6 月分别出台了三份《关于依法妥善审理涉新冠肺炎疫情民事案件若干问题的指导意见》，对疫情以及政府防控措施是否构成不可抗力作出了明确指引，因疫情或者疫情防控措施直接导致合同不能履行的，依法适用不可抗力的规定，根据疫情或者疫情防控措施的影响程度部分或者全部免除责任。

本案中，某旅行社因为受疫情影响而导致旅游合同不能继续履行，属于受不可抗力的影响。不可抗力可能产生两个法律效果：一是合同解除，根据《民法典》第五百六十三条第一款之规定，因不可抗力导致合同目的无法实现而产生合同解除的法律效果。二是责任免除，根据《民法典》第五百九十条之规定，根据不可抗力的影响，部分或者全部免除当事人的责任。需要说明的是，不可抗力免责并非免除当事人合同履行义务（合同关系依然存在），而是免于承担违约责任，通常是因不可抗力而迟延履行或不能履行的违约责任。

三、律师建议与提醒

当因不可抗力事件导致履约发生困难时，建议合同一方应当及时履行通知义务且为可能发生的争议案件准备相关证据，并且积极与另一方协商，通过延期履行、替代履行或部分履行等方式变更合同条款以促成合同的继续履行。

6. 狗咬人，狗主人难逃责任，狗咬狗，狗主人要不要担责？

一、案例场景回放

随着我国人均可支配收入的增加，开始饲养宠物狗的人越来越多。虽然大多数时候狗与人能和谐共处，但狗咬人事件也时有发生，通常这类事件引发的赔偿纠纷责任容易分清，但遇到狗咬狗时，责任该如何划分呢？

仲夏夜，小葛带着泰迪犬在小区花园里散步，为了让泰迪犬能在花园里撒欢，小葛解开了犬链。这时，对面突然跑来一只金毛犬，看到泰迪犬就一口咬住，泰迪犬受了重伤，幸好及时送往宠物医院抢救，捡回一条命。看到心爱的小狗受伤，小葛吓出一身汗，当看到38000元的治疗费账单后，小葛又惊出了一身汗。小葛要求金毛犬主人承担治疗费用，但金毛犬主人认为，狗有生命，但没有思想，狗咬狗的行为，不同于人与人之间的行为，所以不应由他来承担责任。小葛认为，狗有自己的主人，主人对狗负有饲养和管理的责任，狗闯了祸，狗主人就该承担赔偿责任。争论无果，遂诉至法院。

法院受理后，对双方进行了调解。一方面向金毛犬主人讲解，根据《民法典》中对饲养动物致害责任的规定，饲养的动物造成他人损害的，动物饲养人或者管理人，应当承担侵权责任；但是能够证明损害是因被侵权人故意或者重大过失造成的，可以不承担或者减轻责任。本案中，金毛犬主人虽没有主观故意，但客观上存在过错，没有给金毛犬佩戴口套，未尽到看管责任，导致其攻击泰迪犬并致伤，应当承担主要侵权责任。另一方面向小葛说明，养宠物需要牵绳。小葛在散步时给泰迪犬松了犬链，对其管理不足，因此也需承担部分责任。最终判定金毛犬主人承担80%的赔偿责任，赔偿小葛30400元，小葛自负20%的责任。

二、法律条文解析

《民法典》在侵权责任编中专设了一章"饲养动物损害责任"，明确了相关事故的责任划分，具体条款如下。

第一千二百四十五条规定："饲养的动物造成他人损害的，动物饲养人或者管理人应当承担侵权责任；但是，能够证明损害是因被侵权人故意或者重大过失造成的，可以不承担或者减轻责任。"

第一千二百四十六条规定："违反管理规定，未对动物采取安全措施造成他人损害的，动物饲养人或者管理人应当承担侵权责任；但是，能够证明损害是因被侵权人故意造成的，可以减轻责任。"

第一千二百四十七条规定："禁止饲养的烈性犬等危险动物造成他人损害的，动物饲养人或者管理人应当承担侵权责任。"

《动物防疫法》第三十条第二款规定："携带犬只出户的，应当按照规定佩戴犬牌并采取系犬绳等措施，防止犬只伤人、疫病传播。"

"狗咬狗"是动物侵权纠纷案件，根据《民法典》的相关规定，饲养动物损害责任适用无过错责任原则。也就是说，动物造成他人民事权益损害，无论动物的饲养人或管理人有无过错，只要不是受害者或第三人存在故意、重大过失的行为，动物的饲养人或管理人应当承担侵权责任。

三、律师建议与提醒

《民法典》和《动物防疫法》的相关规定，在饲养动物方面凸显了责任导向，规范了饲养行为。在处理"狗咬狗"案件中，要看双方主人是否尽到管理责任，没有尽到责任的一方要承担赔偿责任。如果双方都有过失，就要由法官根据案件实际情况，确定双方的担责比例。受害方可以要求对方赔偿的费用，具体如下：

第一，受伤宠物狗的医疗费。这个是侵权行为产生的直接费用，由肇事狗的主人赔偿。具体赔偿数额以实际产生费用的票据作为依据。法院划分了责任承担比例的，需要按照自己的责任比例赔偿。

第二，受伤狗主人的误工费。如果主人为了照料受伤的狗需要请假，影响了工作，要提供请假证明、因请假扣罚的工资收入，或者有证据证明，宠物狗确实需要主人请假照顾，这部分费用也可以要求侵害方赔偿。

第三，交通费。确实因为宠物狗的治疗产生了一定的、必要的交通费用，可以要求对方赔偿。

在此提醒狗主人要"依法养狗"，在养狗前办好狗证、遛狗时牵好狗绳、避免爱犬骚扰他人、为大型犬戴好口套、定期为爱犬注射疫苗等。爱狗就要对它负责任，既不要让自家宠物受伤，也要避免它伤人伤狗。

7. 酒后失足坠亡，同饮酒友需要承担责任吗？

一、案例场景回放

史某与孙甲、赵乙、钱丙是一起外出打工的工友，共同居住在某农家乐的出租屋。周六，工地因缺料而停工一天，四人便回到住处，在该农家乐一楼吃完饭后，相约回房间打扑克，孙甲打电话叫了工友李丁（另居他处）过来一起玩。其间，史某提议喝酒，赵乙和钱丙出去买了三箱啤酒回来，史某、孙甲、赵乙、钱丙、李丁五人转至农家乐二楼外的露天平台上喝酒，史某喝了四五瓶啤酒。当史某返回二楼卫生间解手时，不慎从二楼平台走廊边缘一侧的防晒网处失足坠落，掉到一楼院子里，经抢救无效后死亡。史某现年37岁，已离异；与前妻育有一子，随史某共同生活，现年11周岁；史某父母均健在，现年64周岁。

史某家属认为，一起喝酒的孙甲、赵乙、钱丙、李丁四人在史某酒后自控力下降的情况下，未尽到安全提醒和安全保障的义务（如同饮者对其搀扶等行为），事故后也没有尽到必要的救助义务。事故发生后，经警方勘查，某农家乐的二楼平台天井无护栏、外周无护栏，此房屋用于出租服务不具备安全性，某农家乐经营者裴某作为公共场所的经营者，违反安全保障义务，为消费者提供安全设施未达标的场所，致使史某坠落死亡，因此要求孙甲、赵乙、钱丙、李丁和裴某赔偿损失。四名同饮者表示，他们对史某的坠亡并无责任，拒绝赔偿。裴某则以史某的坠亡影响到了农家乐生意，反而向史某家属主张赔偿。史某家属遂诉至法院。

法院查明，某农家乐的经营者为裴某，系裴某用自家院落经营，一楼为饮食服务，二楼为房屋出租服务，二楼共有五间出租房，共用一个卫生间，史某及孙甲、赵乙、钱丙同住一室，二楼出租房有走廊与露天平台相通，有两道门，事发当日门未上锁，走廊西侧有大约高40厘米的水泥防水台，上空以防晒网遮挡，露天平台上有水龙头及晾衣竿等，二楼平台距一楼地面有3米多高。法院认为，从事住宿、餐馆、娱乐等经营活动或者其他社会活动的自然人、法人、其他组织，未尽合理限度范围内的安全保障义务致使他人遭受人身损害，赔偿权利人请求其承担相应赔偿责任的，法院应予支持。本案中，某农家乐的经营管理者应当能够预见未安装防护栏在有人经过时可能发生的危险，但某农家乐在二楼走廊通往平台处仅有防水台和防晒网遮挡，未设置明确的警示标志，其经营管理者对潜在的危险未尽到预防义务，存在过错。在史某等五人出入二楼平台处饮酒过程中，某农家乐未尽到警示、提醒义务，导致史某从二楼走廊处的防晒网处失足坠楼死亡，其死亡结果与某农家乐管理上的漏洞具有关联性。某农家乐作为出租房屋的经营管理者，未采取有效的警示和防护措施，未尽到合理、适当的注意义务，提供服务中就安全保障义务方面存在瑕疵，故对损害的后果亦应承担相应的赔偿责任，酌定承担20%。

孙甲、赵乙、钱丙、李丁作为共同饮酒者，基于在先的饮酒行为会引发在后的照顾义务，应当知道饮酒后人的判断力、注意力、反应力、身体的平衡性等都会下降，在史某酒后起身上厕所之际未予搀扶，放任其自行前往，未尽到合理、适当的注意义务，对损害的后果亦应承担相应的赔偿责任，酌定四人分别承担5%。

成年人为完全民事行为能力人，可以独立实施民事法律行为。民事主体依照法律规定或者按照当事人约定，履行民事义务，承担民事责任。史某作为完全民事行为能力人，应对自己饮酒及酒后的行为负责，应对自己的安全负最大的注意义务，其在酒后未能注意自身安全，不慎坠楼身亡，故其对损害的发生应负主要责任，酌定承担60%。

关于各项损失的认定有以下几个方面。

第一，死亡赔偿金。死亡赔偿金按照受诉法院所在地上一年度城镇居民人均可支配收入标准，按20年计算。史某死亡赔偿金为266320元（13316元/年×20年）。被扶养人生活费，根据扶养人丧失劳动能力程度，按照受诉法院所在地上一年度城镇居民人均消费性支出标准计算。被扶养人为未成年人的，计算至18周岁；被扶养人无劳动能力又无其他生活来源的，计算20年。但60周岁以上的，年龄每增加一岁减少一年。史某有三名被扶养人，史子生活费计算为26544元，史父、史母生活费为121344元，生活费共计147888元。

被扶养人生活费计入残疾赔偿金或者死亡赔偿金，故死亡赔偿金共计为414208元。

第二，丧葬费。丧葬费按照受诉法院所在地上一年度职工月平均工资标准，以6个月总额计算为29819元。

第三，精神抚慰金。本次事故致史某当场死亡，给原告家庭造成极大的损害后果，精神抚慰金法院酌定为20000元。

史某家属各项损失合计为464027元（414208元+29819元+20000元）。某农家乐应赔偿各项损失共计92805.4元（464027元×20%），孙甲、赵乙、钱丙、李丁分别赔偿23201.35元（464027元×5%）。

二、法律条文解析

《民法典》第十八条第一款规定："成年人为完全民事行为能力人，可以独立实施民事法律行为。"

第一千一百六十五条规定："行为人因过错侵害他人民事权益造成损害的，应当承担侵权责任。依照法律规定推定行为人有过错，其不能证明自己没有过错的，应当承担侵权责任。"

第一千一百七十二条规定："二人以上分别实施侵权行为造成同一损害，能够确定责任大小的，各自承担相应的责任；难以确定责任大小的，平均承担责任。"

第一千一百七十三条规定："被侵权人对同一损害的发生或者扩大有过错的，可以减轻侵权人的责任。"

第一千一百七十九条规定："侵害他人造成人身损害的，应当赔偿医疗费、护理费、交通费、营养费、住院伙食补助费等为治疗和康复支出的合理费用，以及因误工减少的收入。造成残疾的，还应当赔偿辅助器具费和残疾赔偿金；造成死亡的，还应当赔偿丧葬费和死亡赔偿金。"

第一千一百八十一条规定："被侵权人死亡的，其近亲属有权请求侵权人承担侵权责任。被侵权人为组织，该组织分立、合并的，承继权利的组织有权请求侵权人承担侵权责任。被侵权人死亡的，支付被侵权人医疗费、丧葬费等合理费用的人有权请求侵权人赔偿费用，但是侵权人已经支付该费用的除外。"

第一千一百八十三条规定："侵害自然人人身权益造成严重精神损害的，被侵权人有权请求精神损害赔偿。因故意或者重大过失侵害自然人具有人身意义的特定物造成严重精神损害的，被侵权人有权请求精神损害赔偿。"

第一千一百九十八条第一款规定："宾馆、商场、银行、车站、机场、体育场馆、娱乐场所等经营场所、公共场所的经营者、管理者或者群众性活动的组织者，未尽到安全保障义务，造成他人损害的，应当承担侵权责任。"

《最高人民法院关于审理人身损害赔偿案件适用法律若干问题的解释》第十四条规定："丧葬费按照受诉法院所在地上一年度职工月平均工资标准，以六个月总额计算。"

第十五条规定："死亡赔偿金按照受诉法院所在地上一年度城镇居民人均可支配收入标准，按二十年计算。但六十周岁以上的，年龄每增加一岁减少一年；七十五周岁以上的，按五年计算。"

第十六条规定："被扶养人生活费计入残疾赔偿金或者死亡赔偿金。"

第十七条规定："被扶养人生活费根据扶养人丧失劳动能力程度，按照受诉法院所在地上一年度城镇居民人均消费支出标准计算。被扶养人为未成年人的，计算至十八周岁；被扶养人无劳动能力又无其他生活来源的，计算二十年。但六十周岁以上的，年龄每增加一岁减少一年；七十五周岁以上的，按五年计算。被扶养人是指受害人依法应当承担扶养义务的未成年人或者丧失劳动能力又无其他生活来源的成年近亲属。被扶养人还有其他扶养人的，赔偿义务人只赔偿受害人依法应当负担的部分。被扶养人有数人的，年赔偿总额累计不超过上一年度城镇居民人均消费支出额。"

司法实践中，判定"酒友"担责或不担责，关键在于判断其对发生的损害后果是否存在过错，根据《民法典》第一千一百六十五条规定适用过错责任归责原则。据此，共同饮酒发生意外，导致受害人受到人身损害或财产损失，在认定意外事故与饮酒行为有因果关系的前提下，相关行为人应当承担与其过错程度相当的侵权责任。一般来说，可能涉及的责任主体包括聚会酒局组织者、伤亡者自身、共同饮酒者以及饮酒场所提供者等。至于责任的具体分配，要看共同饮酒者在饮酒过程中是否存在明知受害者不能饮酒还强行劝酒的行为，还要考察饮酒后共同饮酒者是否对"酒友"酒后驾车、剧烈运动等危险性行为加以劝阻，是否积极协助、照顾并护送已失去或即将失去自控力的醉酒者安全回家等。

从上述案例中可知，具有完全民事行为能力的受害人自身、一起饮酒者及饮酒场所提供者均应承担一定的民事责任。醉酒者本身作为完全民事行为能力人，能意识到饮酒的潜在后果，在明知酒精危险性的前提下不加以控制饮酒量，其自身存在重大过错，应当对其饮酒行为和饮酒结果负责。一起饮酒者未对醉酒者尽必要的照顾义务，导致醉酒者未及时得到救助，均应承担相应的民事责任。本案中，某农家乐经营者虽未向饮酒人提供含酒精饮品，但对消费者未尽到安全保障义务，造成他人损害的，也应当承担侵权责任。

三、律师建议与提醒

聚会喝酒本是正常的社交行为，但是小酌怡情，大酣伤身，饮酒后因酒精中毒死亡，或因醉酒导致的各种事故时有发生。聚会喝酒时，提醒注意以下几点：不强迫性劝酒、如有醉酒者需安全护送至医院或安全送回家中、劝阻酒后驾车，尤其是酒局的组织者要承担控制参与者饮酒适度和酒后安全护送的义务。

酒友之间对相互的人身安全负有一定的安全注意义务，但酒友间安全注意义务的程度以一般人的普通注意为限，即应在一般人可预见的范围内，需结合具体案情，根据当时的饮酒状况、同伴在饮酒后的状态、酒后休息场所的条件等因素综合评价。同饮者的安全保障义务不能够取代饮酒人自身的安全意识和注意义务，如果同饮者对损害后果的发生没有过错，受害人不能请求其赔偿。

七、养老继承遗嘱篇

1. 只想啃老不想养老？赡养父母不仅是道德义务，更是法律义务！

一、案例场景回放

费阿婆育有一儿费男一女费女，自 2018 年老伴去世后独居，不久儿子费男离婚，搬到费阿婆处一起居住。但两人日常矛盾不断，费男不仅不照顾母亲的生活，还经常用污言秽语辱骂她。2021 年 10 月，费阿婆生病住院，医疗费共计 25000 元，医保报销 18000 元，自费承担 7000 元。费阿婆住院期间，全凭女儿费女照料，儿子费男从未到医院探视，也没有支付过医疗费，而且费阿婆生病后，费男连每个月的赡养费也停止了支付。无奈之下，费阿婆诉至法院，要求费男自 2021 年 10 月 1 日起每月支付赡养费 1000 元，支付医疗费 7000 元。

庭审中，费男辩称，自己因为离婚心情不好，所以对母亲的态度有些差。之所以不支付母亲赡养费是因为自己失业，没有经济来源，而且母亲每年可获得养老金 20000 元，足够应付日常开支。至于费阿婆生病住院这件事，费男则称自己毫不知情，没人和他说过。

法院经审理认为，赡养老人是子女的责任和义务，子女作为赡养人，应当履行对老年人经济上供养、生活上照料和精神上慰藉的义务。本案中，费男应该履行对母亲费阿婆的赡养义务，虽然费男目前无业，但每年可收取房屋租金 30000 多元，并不是完全没有收入来源。最终判决，第一，费男自 2021 年 10 月起每月支付费阿婆赡养费 400 元。第二，费男支付费阿婆医疗费3500元。

二、法律条文解析

《民法典》第二十六条第二款规定："成年子女对父母负有赡养、扶助和保护的义务。"

第一千零六十七条第二款规定："成年子女不履行赡养义务的，缺乏劳动能力或者生活困难的父母，有要求成年子女给付赡养费的权利。"

在我国，赡养老人不仅是一种道德义务，更是法律的强制性规定。除了《民法典》，还有《老年人权益保障法》和《刑法》都对"子女对父母的赡养义务"作出了相关规定。

《老年人权益保障法》第十九条第一款规定："赡养人不得以放弃继承权或者其他理由，拒绝履行赡养义务。"

《刑法》第二百六十一条规定："对于年老、年幼、患病或者其他没有独立生活能力的人，负有扶养义务而拒绝扶养，情节恶劣的，处五年以下有期徒刑、拘役或者管制。"

赡养义务是一种法定义务，不能免除和转让，不能以子女出嫁、自身家庭经济紧张、被赡养人有一定收入来源为由放弃承担赡养义务。

司法实践中，法院认定赡养费的标准包括：当地的经济水平、被赡养人的实际需求、赡养人的经济能力。赡养费的给付内容分六个方面，即老年人基本赡养费，老年人的生病治疗费用，生活不能自理老人的护理费用，老年人的住房费用，必要的精神消费支出，必要的保险金费用。

有关赡养费的计算方法如下。

计算子女家庭的人均月收入，子女人均月收入低于最低生活保障线时，视为该子女无力向父母提供赡养费，可以不计算。子女家庭人均月收入高于最低生活保障线时，超出部分，两个子女以内的按50%计算赡养费，三个子女以上的按40%计算赡养费。应付的赡养费除以被赡养人数得出付给每个被赡养人的赡养费。

对于老年人的基本赡养费，以各地居民人均消费支出及各地低保补助为上、下限，结合赡养人收入的比例（如20%左右）进行计算。即按赡养人收入一定比例所得数额对照前述上、下限，如该数额在此区间内的则以该数额确定赡养费标准，如该数额高于或低于上、下限的，则以上限或下限确定为赡养费标准。

对老年人生病发生的医疗费，除保险理赔外，其余费用应按医疗部门的票据额计入赡养费中。

对因生病或年老体弱生活不能自理而子女无法照料的，应将护理费用计算在赡养费内，而这一费用将根据有关养老机构证明或当地一般雇用人员标准计算。

对于老年人的住房费用、必要的精神消费支出和必要的保险金费用（如意外保险、住院医疗保险等）应当以相应支出发票为据计算赡养费用。

本案中，法院根据费阿婆和费男两人目前生活状况及收入情况，判定费男每月支付母亲赡养费400元，并且支付医疗费3500元（7000元×50%＝3500元，医疗费应由两个子女共同承担）。

三、律师建议与提醒

赡养行为不仅仅是子女对父母提供经济上的供养，还要在生活上给予照料、精神上给予慰藉。如果遇到不孝子女放弃赡养，建议老人通过以下方式维护自己的合法权益。

第一，可以将遗弃事实告知基层群众性自治组织（居民委员会或村民委员会）、老年人组织或者赡养人所在单位，通过这些组织督促其子女履行义务。

第二，可以申请人民调解委员会或者其他有关组织进行调解，调解的过程中人民调解委员会或者其他有关组织应通过说服、疏导等方式化解矛盾和纠纷；对有过错的家庭成员，应当给予批评教育。

第三，可以直接向人民法院提起民事诉讼，要求子女履行赡养义务，支付赡养费，人民法院对老年人追索赡养费的申请，可以依法裁定先予执行。

第四，子女遗弃父母，情节严重的，老人可以向人民法院提起刑事自诉。

第五，可以由有关部门支持起诉。如果子女不履行赡养义务，而老人不能、不敢或者不便向法院起诉的，可以由有关部门向法院支持起诉，如检察院。

2. 老人受伤，养老院可以拿免责条款做挡箭牌吗？

一、案例场景回放

今年70岁的劳爷爷住在某养老院。一天早上，劳爷爷独自到养老院内的运动器材上锻炼，因为双杠突然断裂砸伤头部，导致轻度脑震荡，幸好没有影响到正常生活，但因此花费了4万元医疗费。养老院称，劳爷爷在入住时与养老院签订了一份合同，其中写有"入住老人在没有护理人员在场的情况下擅自在本院锻炼场所锻炼造成的伤害，由本人承担全部责任"的内容，劳爷爷的情形属于双方约定的免责情形，因此拒绝赔偿医疗费用。劳爷爷表示，合同为格式条款，入住时并没有仔细看其中的各项条款就签字了。双方协商无果，遂诉至法院。

法院经审理后认为，本案合同明显具备格式条款的特征，养老院订立此条款的目的是免除自身责任、排除对方主要权利。养老院对于免除或者限制自己责任的格式条款并没有采取足以引起对方注意的方式提醒对方注意。且养老机构不合理、不正当地免除其应当履行的义务，此免责条款无效。劳爷爷受伤事故发生的主要原因在于养老院设施、设备存在安全隐患，属于养老院的过失，养老院应该承担责任。最后判决养老院承担全部责任，赔偿劳爷爷医疗费用4万元。

二、法律条文解析

《民法典》第一百五十三条第一款规定："违反法律、行政法规的强制性规定的民事法律行为无效。但是,该强制性规定不导致该民事法律行为无效的除外。"

第四百九十六条规定:"格式条款是当事人为了重复使用而预先拟定,并在订立合同时未与对方协商的条款。采用格式条款订立合同的,提供格式条款的一方应当遵循公平原则确定当事人之间的权利和义务,并采取合理的方式提示对方注意免除或者减轻其责任等与对方有重大利害关系的条款,按照对方的要求,对该条款予以说明。提供格式条款的一方未履行提示或者说明义务,致使对方没有注意或者理解与其有重大利害关系的条款的,对方可以主张该条款不成为合同的内容。"

第四百九十七条规定:"有下列情形之一的,该格式条款无效:(一)具有本法第一编第六章第三节和本法第五百零六条规定的无效情形;(二)提供格式条款一方不合理地免除或者减轻其责任、加重对方责任、限制对方主要权利;(三)提供格式条款一方排除对方主要权利。"

第一千一百九十八条第一款规定:"宾馆、商场、银行、车站、机场、体育场馆、娱乐场所等经营场所、公共场所的经营者、管理者或者群众性活动的组织者,未尽到安全保障义务,造成他人损害的,应当承担侵权责任。"

根据《民法典》第四百九十六条和第四百九十七条之规定,采用格式条款订立合同的,提供格式条款的一方应当遵循公平原则确定当事人之间的权利和义务。提供格式条款一方不合理地免除或者减轻其责任、加重对方责任、限制对方主要权利的,该格式条款无效。本案中,养老院通过格式条款不合理地免除自身应当承担的责任和义务,属于无效条款,不具备法律效力。

《民法典》第一千一百九十八条关于经营者的安全保障义务通常适用于受害人与经营者没有合同关系的情形,属于兜底性义务,是法定的最低标准。因此,一方面,养老院的安全保障义务不可免除。另一方面,当老人与养老院间存在养老服务关系时,应该优先适用依据合同产生的安全保障义务。老人在养老院发生意外,养老院不能因为免责协议而撤清关系，而是要依据法律和事实来划分责任。具体来说，可以分为三种情形：第一种是由于老人自身原因造成伤害，养老院已经尽到安全保障义务，由老人自行承担责任。第二种是因养老院照顾不周、服务不到位等导致老人受到伤害，由养老院承担责任。第三种是养老院和老人都存在过错，按各自过错比例承担责任。本案中，劳爷爷受伤是因为养老院的运动器械设施存在安全隐患，因此养老院应该对劳爷爷受伤承担全部责任。

三、律师建议与提醒

老年人行动能力弱、自救能力差，容易遭遇意外伤害，加之部分养老机构配套设施不够完善，未能尽到相应护理等级的照顾义务，导致老年人人身损害赔偿纠纷时有发生。为保护自身利益，许多养老院在接收老年人入住时，都会要求老年人或其家属签订《附加协议》《免责协议》等类似文件，将因步态不稳、跌倒等情况导致老人出现伤残、死亡的意外作为免责事由。然而，免责条款并不能成为养老院的挡箭牌。

因此，建议养老机构与其费尽心思设置不合理的免责条款并以此来推卸责任，不如切实完善安全管理制度，加强从业人员的安全教育、法治教育、人文教育和心理健康教育及培训，从源头上消除服务安全风险，同时通过购买养老机构责任保险来化解管理和运营风险，切实保障老年人及自身的合法权益。

3. 遗嘱内容不得侵害弱者权益，得为特定人保留必要份额

一、案例场景回放

钟女士婚后和丈夫宗先生育有一女，两人由于家族传宗接代的压力，于1970年收养了一男孩宗男。宗先生英年早逝，留下钟女士独自一人将一双儿女抚养成人。女儿出嫁后，养子结婚，婚后按习俗与钟女士共同生活。2021年国庆假期间，宗男与朋友驾车出游时发生严重车祸，脑颅骨破裂，虽及时送医院抢救，但一周后死亡。在住院治疗期间，宗男立下一份口头遗嘱：个人全部财产归其子宗孙继承。钟女士年事已高，近年来一直依靠养子赡养，宗男死亡后即断绝了生活来源，因此提起诉讼。法院判决宗男之子宗孙返还钟女士遗产4万元、房屋1间。

二、法律条文解析

《民法典》第一千一百一十一条第一款规定："自收养关系成立之日起，养父母与养子女间的权利义务关系，适用本法关于父母子女关系的规定；养子女与养父母的近亲属间的权利义务关系，适用本法关于子女与父母的近亲属关系的规定。"

第一千一百二十七条规定："遗产按照下列顺序继承：（一）第一顺序：配偶、子女、父母；（二）第二顺序：兄弟姐妹、祖父母、外祖父母。继承开始后，由第一顺序继承人继承，第二顺序继承人不继承；没有第一顺序继承人继承的，由第二顺序继承人继承。本编所称子女，包

括婚生子女、非婚生子女、养子女和有扶养关系的继子女。本编所称父母，包括生父母、养父母和有扶养关系的继父母。本编所称兄弟姐妹，包括同父母的兄弟姐妹、同父异母或者同母异父的兄弟姐妹、养兄弟姐妹、有扶养关系的继兄弟姐妹。"

第一千一百三十条规定："同一顺序继承人继承遗产的份额，一般应当均等。对生活有特殊困难又缺乏劳动能力的继承人，分配遗产时，应当予以照顾。对被继承人尽了主要扶养义务或者与被继承人共同生活的继承人，分配遗产时，可以多分。有扶养能力和有扶养条件的继承人，不尽扶养义务的，分配遗产时，应当不分或者少分。继承人协商同意的，也可以不均等。"

第一千一百四十一条规定："遗嘱应当为缺乏劳动能力又没有生活来源的继承人保留必要的遗产份额。"

《老年人权益保障法》第二十二条第二款规定："老年人有依法继承父母、配偶、子女或者其他亲属遗产的权利，有接受赠与的权利。子女或者其他亲属不得侵占、抢夺、转移、隐匿或者损毁应当由老年人继承或者接受赠与的财产。"

综上条款，我国法律在赋予公民用遗嘱处分自己财产权利的同时，也对这种处分权作了必要的限制。如果遗嘱人有其他继承人既无劳动能力又无生活来源的，遗嘱继承人应为该继承人保留遗嘱中的必要份额。本案中，宗男作为钟女士的赡养人，在遗嘱中应当给养母钟女士保留必要的份额。法院从保护弱者合法权益的原则出发作出了上述判决。

三、律师建议与提醒

本案中，宗男在医院立下的是口头遗嘱。《民法典》第一千一百三十八条规定："遗嘱人在危急情况下，可以立口头遗嘱。口头遗嘱应当有两个以上见证人在场见证。危急情况消除后，遗嘱人能够以书面或者录音录像形式立遗嘱的，所立的口头遗嘱无效。"也就是说，口头遗嘱只有在遗嘱人处于危急的情况下才可订立，且须有两个以上有效见证人在场见证。由此可见，订立口头遗嘱风险较高，如果不得不采用口头遗嘱时，建议采取相关措施增强证明力。比如，尽量对遗嘱人的口述内容进行书面记录，写明遗嘱人姓名、见证人姓名、继承内容、时间、地点等关键信息，并经见证人、记录人签名或捺印，条件许可的话，最好对遗嘱人口述遗嘱的全过程进行录音录像，并将见证人、记录人签名或捺印的画面予以记录。

4. 设立居住权，给再婚老伴留一颗安享晚年的定心丸

一、案例场景回放

董爷爷和石奶奶于 2008 年登记结婚，双方都是银发再婚的老人。董爷爷在上一段婚姻中育有一子董男，石奶奶不曾生育过。董爷爷于 2021 年 5 月去世，生前立下遗嘱，其名下位于中山路×号的房屋由儿子董男继承，妻子石奶奶膝下无儿无女，可以继续居住在此房。2022 年，石奶奶得知董男正准备将该房挂牌出售，心中担忧不安，如果房子被卖掉，那新房主会不会把自己赶出家门呢？

二、法律条文解析

《民法典》在物权编中新增了一章"居住权"。居住权是在不转让所有权的基础上，分离出一定期限的居住权利，这意味着给房子增加了一项用益物权。

《民法典》第三百六十六条规定："居住权人有权按照合同约定，对他人的住宅享有占有、使用的用益物权，以满足生活居住的需要。"

第三百七十一条规定："以遗嘱方式设立居住权的，参照适用本章的有关规定。"

根据《民法典》第三百六十六条和第三百七十一条之规定，居住权人有权按照合同约定或者遗嘱，经登记占有、使用他人的住宅，以满足其稳定的生活居住需要。因此，按照董爷爷的遗嘱，石奶奶对董爷爷留

下的中山路×号房享有居住权。

《民法典》第三百六十八条规定:"居住权无偿设立,但是当事人另有约定的除外。设立居住权的,应当向登记机构申请居住权登记。居住权自登记时设立。"

第三百七十条规定:"居住权期限届满或者居住权人死亡的,居住权消灭。居住权消灭的,应当及时办理注销登记。"

居住权采用登记生效原则,自登记时发生效力。石奶奶需要到房屋所在地辖区的不动产登记中心申请办理居住权登记,以使得居住权产生公示和对抗的效力。按照《民法典》第三百七十条之规定,石奶奶有权居住该房直到其去世为止。董男按董爷爷遗嘱继承该房屋,不能将石奶奶赶出家,即便他将房子出售,对方取得了房屋所有权,也没有权利要求石奶奶从该房屋搬出。

三、律师建议与提醒

住房不仅是公民基本的财产,也是公民的生活基础,是保障个人生存权所必需的财产。本案中,董爷爷颇有先见之明,为防止儿子与继母产生继承纠纷,在遗嘱中给老伴石奶奶设立了房屋的居住权,无疑是为她预备了一颗定心丸,切实保障其可以安稳地度过晚年。石奶奶依据这一专属于她本人的权利,得以长期稳定地占用并使用该房屋直至死亡,不以董爷爷死亡和房屋产权继承变更为转移。

实践中,在一些大城市还有这样一种情况:为了孙子、孙女划片入学,老人需要在生前将房产过户给子女。建议老人在这种情形下办理房屋过户时,与子女签订一份居住权协议,办理好居住权登记,这样就不需要担心房产过户给子女后自己可能居无定所的问题。

5. 法定继承中，关于遗产的认定和分割，以及继承的顺序和份额

一、案例场景回放

2019年3月26日，王先生去世，生前未留有遗嘱。王先生之父于2017年2月6日去世，王先生之母于2021年7月6日去世。王先生父母生前除一子王先生外，还有一女王女士。王先生在第一段婚姻中育有一子王子，2007年与现任配偶梅女士登记结婚（两人均系再婚），婚后没有再生育子女。

王先生身后留下位于耀阳城×号产权房一套，该房是王先生在2005年3月21日出资170000元购买的（首付60000元，银行贷款110000元），与梅女士结婚之前，王先生已归还贷款36601元；与梅女士结婚之后，由王先生、梅女士共同还贷102026元，并于2015年6月23日清偿了全部购房抵押贷款。之后，为协助儿子王子结婚置房，王先生曾将耀阳城房屋作为抵押物向银行贷款400000元，贷款期限为2017年8月7日至2035年8月6日。王先生去世后，梅女士于2021年8月23日、2021年11月5日两次偿还银行贷款100000元；王子于2021年8月23日、2021年11月5日分两次偿还银行贷款342549元，清偿了全部银行抵押贷款。

梅女士自与王先生结婚后一直居住在耀阳城房屋至今，王子与梅女士在王先生丧礼结束后曾达成协议，约定将登记在王先生名下的耀阳城

房屋过户至王子与梅女士名下共同出售；其中王子占房屋所有权份额45%（包括王子依法从王先生的遗产中继承的财产、偿还王先生生前所欠银行贷款342549元后享有的债权及从王先生之母处代位继承的财产），梅女士占房屋所有权份额55%（包括梅女士依法从王先生的遗产中继承的财产、偿还王先生生前所欠银行贷款100000元后享有的债权），王女士继承的金额由王子给付。

但之后王子与继母梅女士、姑姑王女士因遗产继承产生纠纷，王子诉至法院，要求独自继承位于耀阳城×号房屋的全部房产份额。

经审理后，法院认为，王先生于2019年3月26日去世，生前未留有遗嘱。被继承人婚前财产为被继承人一方个人财产；夫妻共同债务，应当以夫妻共同财产进行偿还。继承人有权继承被继承人死亡时遗留的个人合法财产；同一顺序继承人继承遗产的份额，一般应当均等。夫妻共同财产，除有约定的外，遗产分割时，应当先将共同所有的财产的一半分出为配偶所有，其余的为被继承人的遗产。登记在王先生名下，坐落于耀阳城×号房屋按照当前房屋价值折算，王先生的遗产为654899.5元。该遗产应当由第一顺序的王先生配偶梅女士、王先生之母及王子继承。王先生之母应当继承王先生的遗产为218300元。

法律规定，继承开始后，继承人于遗产分割前死亡，并没有放弃继承的，该继承人应当继承的遗产转给其继承人。被继承人的子女先于被继承人死亡的，由被继承人的子女的直系晚辈血亲代位继承。王先生的父母生前育有两个子女，即王先生和王女士。王先生的父亲先于王先生死亡。王先生的母亲于2021年7月6日去世，作为转继承人王女士和作为代位继承人王先生之子王子有权继承王先生母亲从王先生处继承的财产。故王女士继承遗产金额为109150元。被继承房屋现由梅女士实际居住，庭前，王子与梅女士达成协议，将涉案房屋过户至王子与梅女士名下后共同出售；其中王子占45%份额，梅女士占55%份额，王女士继承的金额由王子给付。该协议约定系王子与梅女士的真实意思表示，系继承人之间对自己权利的处分，亦未侵犯继承人王女士合法继承财产的权益，不违反法律、行政法规强制性规定，法院予以照准。

二、法律条文解析

《民法典》第一千零六十二条规定："夫妻在婚姻关系存续期间所得的下列财产，为夫妻的共同财产，归夫妻共同所有：（一）工资、奖金、劳务报酬；（二）生产、经营、投资的收益；（三）知识产权的收益；（四）继承或者受赠的财产，但是本法第一千零六十三条第三项规定的除外；（五）其他应当归共同所有的财产。夫妻对共同财产，有平等的处理权。"

第一千零六十三条规定："下列财产为夫妻一方的个人财产：（一）一方的婚前财产；（二）一方因受到人身损害获得的赔偿或者补偿；（三）遗嘱或者赠与合同中确定只归一方的财产；（四）一方专用的生活用品；（五）其他应当归一方的财产。"

第一千一百二十二条第一款规定："遗产是自然人死亡时遗留的个人合法财产。"

第一千一百二十七条第一款规定："遗产按照下列顺序继承：（一）第一顺序：配偶、子女、父母；（二）第二顺序：兄弟姐妹、祖父母、外祖父母。"

第一千一百二十八条规定："被继承人的子女先于被继承人死亡的，由被继承人的子女的直系晚辈血亲代位继承。被继承人的兄弟姐妹先于被继承人死亡的，由被继承人的兄弟姐妹的子女代位继承。代位继承人一般只能继承被代位继承人有权继承的遗产份额。"

第一千一百三十条第一款规定："同一顺序继承人继承遗产的份额，一般应当均等。"

第一千一百五十二条规定："继承开始后，继承人于遗产分割前死亡，并没有放弃继承的，该继承人应当继承的遗产转给其继承人，但是遗嘱另有安排的除外。"

第一千一百五十三条规定:"夫妻共同所有的财产,除有约定的外,遗产分割时,应当先将共同所有的财产的一半分出为配偶所有,其余的为被继承人的遗产。遗产在家庭共有财产之中的,遗产分割时,应当先分出他人的财产。"

第一千一百五十六条规定:"遗产分割应当有利于生产和生活需要,不损害遗产的效用。不宜分割的遗产,可以采取折价、适当补偿或者共有等方法处理。"

关于如何分配被继承人王先生的遗产,要明确以下几点。

1. 关于王先生名下坐落于耀阳城×号房屋的价值

本案在开庭审理过程中,王子提出对王先生名下坐落于耀阳城×号房屋进行价值评估。经房地产估价顾问公司评估,该房屋价值为1150000元。

2. 关于王先生遗产的认定

王先生名下的耀阳城×号房屋是由其在婚前2005年3月21日以首付60000元、银行贷款110000元,合计170000元购买。王先生在与梅女士结婚前,已还银行贷款36601元;在与梅女士结婚后,由王先生、梅女士共同还贷102026元,清偿了购房抵押贷款。按照当前房屋价值折算,王先生婚前个人财产为602348元{[60000+36601×110000÷(102026+36601)]×1150000÷170000(元)},王先生与梅女士婚后的夫妻共同财产为547652元[102026×110000÷(102026+36601)×1150000÷170000(元)]。

王先生与梅女士在婚姻期间为帮助其子王子购房,将耀阳城×号房屋进行抵押,向银行贷款400000元。王先生死亡后,王子与梅女士共同偿还王先生所欠银行贷款债务442549元。该笔债务发生在王先生生前,为王先生、梅女士夫妻共同债务,应以夫妻共同财产清偿。王先生与梅女士结婚之后,王先生的个人财产按照当前房屋价值折算为52551.5元

[（547652-442549）÷2（元）]。故王先生遗产价值为654899.5元[602348+52551.5（元）]。

3. 关于王女士继承遗产金额的认定

根据《民法典》的规定，继承人有权继承被继承人死亡时遗留的个人合法财产。同一顺序继承人继承遗产的份额，一般应当均等。王先生的父亲在2017年2月6日先于王先生去世。王先生于2019年3月26日去世，生前未留有遗嘱，应按照法定继承。王先生遗产价值为654899.5元，应当由第一顺序继承人王先生配偶梅女士、王先生之母、王先生之子王子共同继承。王先生母亲应继承的遗产为218299.83元[654899.5÷3（元）]，她已于2021年7月6日去世，作为转继承人王女士和作为代位继承人王子平均继承王先生母亲从王先生处继承的财产。故王女士继承遗产金额为109149.92元[218299.83÷2（元）]。

4. 王子与梅女士庭前达成协议处分遗产的认定

梅女士是耀阳城×号房屋的实际居住者，为了便于变现，王子与梅女士对耀阳城×号房屋分割达成协议，对登记在王先生名下房屋过户至王子与梅女士名下后共同出售，其中王子占45%份额，梅女士占55%份额，王女士继承的金额由王子给付。该协议是王子与梅女士的真实意思表示，是继承人之间对自己权利的处分，亦未侵犯继承人王女士合法继承财产的权益。且在庭审中，两人对此协议均表示认可，因此法院予以认可。

最终本案判决如下，耀阳城×号房屋由王子与梅女士按份共有，王子占该房屋份额的45%，梅女士占该房屋份额的55%。由王子给付王女士依法继承的遗产109149.92元。

6. 与外甥女因遗产起争执，如果放弃姐姐的遗赠，会影响到母亲的继承吗？

一、案例场景回放

　　史女士与前夫魏先生育有一女晓宇，现年 21 岁。2021 年 6 月 23 日，史女士因病过世，身后留有独生女晓宇，母亲冯老太，弟弟史弟，姐姐史姐（父亲老史已于 2015 年死亡）。史女士经商多年，个人名下财产累计有：位于花园路和友谊路产权房各一套，银行存款及理财产品等各种现金类财产总计 410 万元。

　　2020 年 12 月 13 日，史女士曾立下自书遗嘱，遗嘱载明："1. 花园路房屋产权留给女儿晓宇，若买卖需先征询舅舅史弟的意见。2. 位于友谊路的房产由晓宇、史弟共同处置，所得资产 50% 分给史弟，以补偿其多年为我家的付出。3. 现金资产（含股票等）400 多万元，218 万元留给晓宇成家立业，其余由史弟代本人给母亲冯老太养老送终及他本人应对疾病养老。4. 钻石项链一条，留给姐姐史姐作纪念。5. 戒指两枚，留给前夫魏先生作纪念，家里用物及其他财产由晓宇和魏先生共同处置。" 2021 年 6 月 19 日，史女士再书遗嘱一份："本人名下位于花园路房屋，身故后留给第一继承人女儿晓宇。"

　　2021 年 6 月 23 日，史女士病逝。6 月 26 日，史弟前来协助办理丧事，晓宇认为舅舅史弟在母亲生病期间以照顾之名想侵占母亲财产，与之发生争执。史弟为证明自己从未侵占、转移姐姐的财产，书写一份

"关于自愿放弃遗赠的声明",晓宇、魏先生作为见证人签名署期。"声明"如下:"本人(史弟)自愿放弃史女士遗嘱中关于本人的全部财产和职责,归属人为晓宇。特此声明。"史弟事后冷静下来,考虑到母亲一直随自己生活,老人年迈需要赡养,史女士在遗嘱中未明确自己和母亲的份额,应当属于两人共有,因此想撤回放弃史女士对其的赠与。

晓宇认为史弟已作出放弃接受遗赠的意思表示,因此向法院提出诉请,请求判决:1. 史女士名下花园路房屋由晓宇一人继承,其买卖无须征得史弟同意;2. 史女士名下所有的现金资产410万元全部由其一人继承。

法院判决,史弟和冯老太同意由晓宇一人处理花园路房屋所有事宜。但对于晓宇提出的第二项诉请不予认可,仍应当按照史女士的遗嘱履行,即现金资产除去给晓宇的部分后,剩余145万元用于冯老太养老。①

二、法律条文解析

《民法典》第一千一百二十三条规定:"继承开始后,按照法定继承办理;有遗嘱的,按照遗嘱继承或者遗赠办理;有遗赠扶养协议的,按照协议办理。"

第一千一百二十四条规定:"继承开始后,继承人放弃继承的,应当在遗产处理前,以书面形式作出放弃继承的表示;没有表示的,视为接受继承。受遗赠人应当在知道受遗赠后六十日内,作出接受或者放弃受遗赠的表示;到期没有表示的,视为放弃受遗赠。"

第一千一百二十七条第一款和第二款规定:"遗产按照下列顺序继

---

① 关于最后冯老太继承145万元,计算方法如下:现金部分总价410万元,晓宇继承218万元后,剩余192万元,用于冯老太养老送终及史弟应对疾病养老。现史弟放弃遗赠,史弟可继承的部分遗产应按法定继承处理,即由晓宇及冯老太各半继承。所以冯老太可继承192÷2+192÷2÷2=144万元。法院最后酌定给冯老太145万元,是法官根据冯老太的现实生活需求行使自由裁量权的结果。

承：（一）第一顺序：配偶、子女、父母；（二）第二顺序：兄弟姐妹、祖父母、外祖父母。继承开始后，由第一顺序继承人继承，第二顺序继承人不继承；没有第一顺序继承人继承的，由第二顺序继承人继承。"

第一千一百三十条规定："同一顺序继承人继承遗产的份额，一般应当均等。对生活有特殊困难又缺乏劳动能力的继承人，分配遗产时，应当予以照顾。对被继承人尽了主要扶养义务或者与被继承人共同生活的继承人，分配遗产时，可以多分。有扶养能力和有扶养条件的继承人，不尽扶养义务的，分配遗产时，应当不分或者少分。继承人协商同意的，也可以不均等。"

第一千一百三十三条规定："自然人可以依照本法规定立遗嘱处分个人财产，并可以指定遗嘱执行人。自然人可以立遗嘱将个人财产指定由法定继承人中的一人或者数人继承。自然人可以立遗嘱将个人财产赠与国家、集体或者法定继承人以外的组织、个人。自然人可以依法设立遗嘱信托。"

第一千一百三十四条规定："自书遗嘱由遗嘱人亲笔书写，签名，注明年、月、日。"

本案中，被继承人史女士于2020年12月13日及2021年6月19日所立的两份自书遗嘱，表述明确，落款清晰，符合自书遗嘱的形式要件，遗嘱真实有效。继承开始后，按照法定继承办理；有遗嘱的，按照遗嘱继承或者遗赠办理；有遗赠扶养协议的，按照协议办理。史女士名下位于花园路房屋产权在第二份遗嘱中写明由女儿晓宇一人继承，对此，史弟和冯老太亦表示同意由晓宇独自处理，因此法院对于晓宇要求单独继承花园路房屋的诉请予以支持。

本案的争议焦点在于史弟"关于自愿放弃遗赠的声明"的效力。本案中，史女士在遗嘱中将现金资产部分赠与史弟，属于遗赠。根据《民法典》第一千一百二十四条之规定，受遗赠人应在知道受遗赠后60日内，作出接受或者放弃遗赠的表示。史弟在史女士过世后3日内出具了"关于自愿放弃遗赠的声明"，明确表示放弃遗赠，其意思表示具体、明确。事后史弟反悔，表示不放弃遗赠，但未提出充分的理由，法院不予准许。

根据遗嘱，晓宇在现金财产中享有218万元，余下部分由史弟代其给母亲冯老太养老送终及史弟本人应对疾病养老。现史弟放弃遗赠，但冯老太在遗嘱中所享有的继承权利并不因此丧失，史弟放弃的那部分遗产应按法定继承处理，即由晓宇及冯老太各半继承。鉴于遗嘱中未明确史弟与冯老太各自享有的份额，根据《民法典》第一千一百三十条之规定，法院最后酌定由冯老太继承现金类财产中的145万元。

三、律师建议与提醒

需要说明的一点是，认定受遗赠人放弃受遗赠和继承人放弃继承是有区别的。

按照《民法典》第一千一百二十四条的规定："继承开始后，继承人放弃继承的，应当在遗产处理前，以书面形式作出放弃继承的表示；没有表示的，视为接受继承。受遗赠人应当在知道受遗赠后六十日内，作出接受或者放弃受遗赠的表示；到期没有表示的，视为放弃受遗赠。"对继承人来说，若想要放弃继承权，需要明确表示放弃继承的权利，未明确表示放弃的则意味着继承人接受遗产。而对受遗赠人来说，其未明确表示接受遗赠财产就意味着放弃接受遗赠财产。即两者在没有明确表示的时候，法律认为前者未放弃继承权，而后者却是放弃了接受遗赠的权利，这是两者最大的区别。

7. 公证遗嘱的法律效力高于口头遗嘱、自书遗嘱、代书遗嘱吗？立遗嘱要注意哪些事项？

一、案例场景回放

包先生中年时期因病致残，妻子随后与之离婚，留下一子小包由包先生抚养。杨女士原是前来应聘负责照顾包先生起居生活的家政人员，两人在共同生活中建立了感情。离异的包先生想与单身的杨女士结婚，但遭到了儿子小包的反对。为了得到儿子的同意，包先生订立了一份公证遗嘱，将名下的房屋留给小包继承。包先生和杨女士婚后相敬如宾十多年，包先生很感激杨女士一直以来的悉心照料，儿子婚后长居外省，平时对父母也很少关照，考虑到自己的健康状况开始恶化，包先生担心自己去世后，杨女士无人照料，便重新订立一份自书遗嘱，将房屋留给妻子杨女士继承。一年后，包先生去世，小包将杨女士诉至法院，要求按照第一份公证过的遗嘱继承房屋。法院经过审理后，依据《民法典》的相关规定，判决包先生最后订立的遗嘱有效，由杨女士继承房屋。

二、法律条文解析

《民法典》第一千一百四十二条规定："遗嘱人可以撤回、变更自己所立的遗嘱。立遗嘱后，遗嘱人实施与遗嘱内容相反的民事法律行为的，视为对遗嘱相关内容的撤回。立有数份遗嘱，内容相抵触的，以最后的遗嘱为准。"

《民法典》颁布施行前，根据《最高人民法院印发〈关于贯彻执行中华人民共和国继承法若干问题的意见〉的通知》（现已失效）第四十二条之规定："遗嘱人以不同形式立有数份内容相抵触的遗嘱，其中有公证遗嘱的，以最后所立公证遗嘱为准；没有公证遗嘱的，以最后所立的遗嘱为准。"自书遗嘱、代书遗嘱、录音遗嘱、口头遗嘱的效力都低于公证遗嘱，公证遗嘱在继承中具有绝对的优先性。因为公证遗嘱在制作过程中具有公证机关公信力的加持，所以比一般形式的遗嘱更具有真实性。

但继承最重要的是符合遗嘱人的真实意思表示。现实生活中，家庭关系是不断变化的，每个人的主观思想也随着生活、境遇的变化而不断改变。遗嘱的作出，在某些情形下是一个突发的事件，遗嘱人在紧急情形下无法订立公证遗嘱。若以"一刀切"的形式将公证遗嘱置于效力最高的位置，难免会使得遗嘱人的真实意愿得不到实现。因此，在《民法典》的编纂中，继承编将意思自治原则充分融入各条各款中，删除了公证遗嘱效力优先的法律条文，认可遗嘱人最后所立遗嘱的真实意思表示。公证遗嘱不再具有优先性，继承中若存在多份真实合法的遗嘱并且内容相互冲突时，以最后一份遗嘱为准。

本案中，包先生最后所订立的自书遗嘱，实际撤回了之前订立的公证遗嘱，因此法院判决遗嘱继承时应以最后订立的自书遗嘱为准。

三、律师建议与提醒

建议老年人在立遗嘱时，注意以下事项。

第一，想好是否有必要立遗嘱，遗嘱不是每个人必须立的。按照《民法典》的规定，第一顺序继承人是被继承人的配偶、子女、父母；第二顺序继承人是被继承人的兄弟姐妹、祖父母、外祖父母。如果没有立遗嘱，就按法定顺序继承。

第二，立遗嘱的目的是打破法定继承，根据自己的意愿重新作出安排。比如，可以让某个继承人多继承遗产，或者将某个法定继承人排除在继承人之外，或者指定某个继承人继承某个具体财产等。因此，遗嘱内容表述要清晰准确，不能存在歧义。

第三，立遗嘱应当与老年人的养老统筹规划相结合。为了保障养老，可以订立遗赠抚养协议，自己在世时谁抚养，谁才能获得遗产的继承权。

第四，再婚老年人立遗嘱时，应该注意再婚配偶与子女之间关系的协调。立遗嘱前，以平静的心态对家庭里第一顺序继承人之间的关系作出客观的判断，千万不能以立遗嘱作为再婚的条件。

第五，如果自己在世时有扶养无生活能力或者生活能力较差的人，立遗嘱时需要给他们预留份额，保障他们的生活。

第六，遗嘱的形式。遗嘱的形式有口头遗嘱，自书遗嘱，代书遗嘱，录音、录像遗嘱，律师见证遗嘱和公证遗嘱。律师见证遗嘱和公证遗嘱由法律专业人士制作，专业化程度高，如果条件允许，可以选择这两种遗嘱形式。

第七，遗嘱的修改。遗嘱修改应当采取书面形式，最好采取公证遗嘱形式修改。

第八，遗嘱的保管。遗嘱保管一定要慎重，因为遗嘱内容外泄，可能会引起家庭内部的矛盾。如果采取的是律师见证遗嘱和公证遗嘱，则由律师事务所和公证处保存。

8. 关于人体捐献，哪些人可以作出捐献决定？

一、案例场景回放

何先生因意外事故从高空坠落致重伤，送医院经救治无效而死亡。医院里的人体器官捐献协调员向何先生的妻子及何先生的表弟解释了捐献相关事宜后，二人均表示愿意捐献何先生的器官并签署了相关文件，何先生的表弟代何先生的父母在《器官捐献委托书》上签名、捺印。随后，医院对相关器官进行摘取并协助移送相关受体。何先生的父母事后才知晓，精神上大受刺激，认为医院的行为侵害了何先生的身体权，医院在明知何先生父母毫不知情的情况下违法摘取了何先生的器官，也侵害了其名誉权，因此将医院诉至法院，要求医院公开赔礼道歉、赔偿精神损失抚慰金20万元。

法院经审理认为，何先生生前未明确表示不同意捐献其人体器官，应由其配偶、父母以书面形式共同表示是否同意捐献。表弟称其代何先生的父母在《器官捐献委托书》上签名、捺印的行为经过了何先生父母的授权，但何先生父母对此予以否认。医院作为专业的医疗机构应当具有更高的审核和审查义务，不能仅凭何先生表弟的单方陈述、受托人与委托人字迹相似的《器官捐献委托书》即认定其有权代理何先生的父母，因此医院存在过错，应对何先生父母的精神损害承担赔偿责任，最终法院判决医院赔偿3万元。

二、法律条文解析

《民法典》第一千零六条规定："完全民事行为能力人有权依法自主

决定无偿捐献其人体细胞、人体组织、人体器官、遗体。任何组织或者个人不得强迫、欺骗、利诱其捐献。完全民事行为能力人依据前款规定同意捐献的,应当采用书面形式,也可以订立遗嘱。自然人生前未表示不同意捐献的,该自然人死亡后,其配偶、成年子女、父母可以共同决定捐献,决定捐献应当采用书面形式。"

第一千零七条规定:"禁止以任何形式买卖人体细胞、人体组织、人体器官、遗体。违反前款规定的买卖行为无效。"

人体捐献,是指自然人自愿、无偿地捐献自己的人体细胞、人体组织、人体器官、遗体的行为。献血、捐献造血干细胞、捐献遗体或器官等都属于人体捐献。我国《民法典》对遗体和人体器官、人体组织、人体细胞捐献作出了明确规定,人体捐献应当遵循以下三个原则。

1. 自愿原则

人体捐献涉及对个人身体的处分,必须充分体现本人意愿,任何组织或者个人不得强迫、欺骗或者利诱他人捐献。同时,《民法典》明确只有完全民事行为能力人才有权决定捐献,无民事行为能力人和限制民事行为能力人不能作出人体捐献的有效同意。

在自然人去世后,亲属要尊重其生前的意愿。如果自然人生前表明不同意捐献遗体,则不可捐献;如果生前未表示不同意捐献,其配偶、成年子女、父母可以共同决定捐献。

2. 无偿原则

人的生命、身体健康等人格利益是无价的,无法用金钱来衡量。如果将人体器官视为可以被等价交换的物,将违背器官捐献的伦理道德,有违人格尊严这一基本价值,有违公序良俗,同时也会引发道德风险,甚至可能诱发犯罪行为。因此,不能通过捐献行为获取一定的经济利益,否则将使捐献行为成为实质上的买卖行为。

3. 捐献意思表示须以书面形式或者遗嘱形式作出

《民法典》第一千零六条第二款明确了人体捐献的形式要求，即完全民事行为能力人应当采用书面形式或者有效的遗嘱形式作出同意人体捐献的意思表示。同时在第三款中规定，自然人死亡后，其配偶、成年子女、父母共同决定捐献死者遗体的，也应当采用书面形式。

本案中，医院虽然征得了何先生妻子的同意，但没有得到何先生父母签署的书面同意书，摘取其遗体器官是侵权的行为，因此要承担相应的赔偿责任。

三、律师建议与提醒

人体器官捐献是倡导公民在生命不可挽救时，自愿、无偿地捐献能用器官，让生命以另外一种方式延续。2010年，中国正式启动人体器官捐献试点工作，虽然器官捐献数量和捐献率逐年上升，但仍面临供体短缺问题，无法满足器官衰竭患者的巨大需求。自2015年1月1日起，公民自愿器官捐献成为我国器官移植唯一合法来源。如果死者生前没有签订器官捐献书，去世后其近亲属可否代为决定捐献？或者当事人生前虽然表示同意捐献，但死后近亲属不同意的，是否还能捐献？

根据《民法典》第一千零六条第三款的规定，自然人生前未表示不同意捐献的，该自然人死亡后，其配偶、成年子女、父母可以共同决定捐献，决定捐献应当采用书面形式。死者没有配偶、成年子女或者父母均已死亡的，其他近亲属等都不能决定捐献。在实践中，出于伦理，即使死者生前同意，摘取器官通常也要征得近亲属的同意，死者生前未表示不同意捐献的，死者的配偶、成年子女和父母中任何一人不同意捐献的，都不能捐献。

此外，还有一点要提醒的是，有权决定捐献人体细胞、人体组织、人体器官和遗体的主体，必须是完全民事行为能力人，精神病人等限制民事行为能力人及无民事行为能力人不可以实施捐献行为。

图书在版编目（CIP）数据

老百姓的民法典／秦志莺著．—北京：中国法制出版社，2023.6
ISBN 978-7-5216-3321-4

Ⅰ.①老… Ⅱ.①秦… Ⅲ.①民法-法典-案例-中国 Ⅳ.①D923.05

中国国家版本馆 CIP 数据核字（2023）第 056492 号

策划编辑：陈晓冉
责任编辑：陈晓冉　　　　　　　　　　　　　　　　　封面设计：蒋　怡

老百姓的民法典
LAOBAIXING DE MINFADIAN

著者／秦志莺
经销／新华书店
印刷／三河市国英印务有限公司
开本／710 毫米×1000 毫米　16 开　　　　　印张／14　字数／194 千
版次／2023 年 6 月第 1 版　　　　　　　　　2023 年 6 月第 1 次印刷

中国法制出版社出版
书号 ISBN 978-7-5216-3321-4　　　　　　　　　定价：49.80 元

北京市西城区西便门西里甲 16 号西便门办公区
邮政编码：100053　　　　　　　　　　　传真：010-63141600
网址：http://www.zgfzs.com　　　　　　编辑部电话：010-63141835
市场营销部电话：010-63141612　　　　　印务部电话：010-63141606

（如有印装质量问题，请与本社印务部联系。）